目　次

巻頭言　　　　　　　　　　　　　　　　　　　　　　　　　　　　浅野　　亮　　3頁

論　説

「一帯一路」構想と途上国開発援助に関する考察　　　　　　　　　張　陶　偉　鑫　　5頁
　　―「南南協力」とPPPの視点を中心に―

温嶠の通婚関係に見られる晋時「元妻―継妻」の地位　　　　　　　徐　　　慧　　29頁

中国の高級中学における綜合素質評価の可能性　　　　　　　　　　石井佳奈子　　49頁
　　―大学入試改革との関連から―　　　　　　　　　　　　　　　小川　佳万

資　料

華中農村訪問調査報告(2)　　　　　　　　　　　　　　　　　　　弁納　才一　　67頁
　　―2018年10月、湖南省の農村―

巻頭言

浅野　亮

意義と評価、そして「身体性」

　評価には必ず「歪み」がつきまとうと聞いたことがある。どんなに制度や方法を工夫しても「歪み」があるとすれば、最終的には個人それぞれの判断が大事ということになるそうである。そうなると、個性や独創性は、単にその場の思いつきではなく、いかに自分の意見や判断を守り通せるか、の勝負ということになる。しかし、期待されている答えや文章をなかなか出せないことも少なくない。その時にどうするか。

　自分の意見をどのように保つかについて言えば、理論や経験がものを言うことが多い。

　まず理論について言えば、今では独創的と言われる科学の知見がどのようにして発見され、何度となく反駁された後にようやく評価されるようになったかを教養として知っておくことも悪いことではない。深い教養は逃避の場や雑学ではなく、「あらゆることに耳を傾ける」事である。研究では問題の設定が肝心であり、教養とは自分の立ち位置を知るための土台を意味する。独創的な仮説は発表の翌日にすぐに評価され認められるわけではなく、数年どころか、数十年経ってからその価値がようやく認められることの方が多い。家の土台は家を建てた後でゆっくり固めるものではないように、教養は研究（そして人生）の最初期から大切なものである。

　経験についていえば、それを通して「現実」の多面性に触れること、そしてその中で言葉になりにくい何かがあるとの感覚を大事にすることが重要である。これは方法論の中で「暗黙知」に類することであるが、ほぼ忘れ去られてしまった。「この誰々の伝記は香り高い」とか「彼の話しは味がある」というみやびな発言が研究会で聞かれなくなって久しい。

　この感覚を磨くには、文化や生活様式が大きく異なるところに身を置いて生活するとよい。当たり前と思っていたことが、実はそうではないことに気づく。恥ずかしくて身悶えしてしまうことだってある。事件は順序よく起きてくれず押し寄せてくる。一つを解決するとそれが別の問題を引き起こす。本ならページを閉じれば、スカイプならボタンを押せば離れられるが、実生活の中では逃げるわけにはいかない。そこでこそ、文字にならない何かが見えてくる。

　ネット時代で簡単に情報が得られる時代だから、逆に記号化されない感覚、ことばを変えれば「身体性」に大きな意味がある。ことばにならない多様で矛盾する情報は、禅の公案のように、自力でなんとかしなければならない状況に追い込まれてようや

く消化でき、自己を変革できることが多い。

　何かを明らかにしようと明確な問題意識を持っていくのもよいが、問題意識は偏光板のようなもので、ある光で見える光景はとてもよく見えるが、そうではない光景は全く見えなくなってしまう。異なる文化の中での生活では、問題意識にこだわらず、それこそ「あるがままに」現実を受け入れることが重要である。しかし「あるがまま」とは言っても、必ず先入観はあるので、自分がどのような先入観を持っているのか、自分に問いかけることになる。これに終わりはない。厳密に言えば、絶え間ない問いかけがあれば必ず真実に近づくとは保証できないのだが、実際上それしか方法はない。自分が属する文化圏とは異なる環境に身を置くと、「あるがまま」とは何かが根本問題として立ちはだかり、内面化され、定着する。研究者を目指すなら、そこで立ち止まらず、言葉にならないイメージを言語化し、体系化する。

　英語が通用するところを巡るのも一つの方法である。世界の事実上の共通語となっているから便利である。しかし、それは、英語という単レンズを通して世界を見ることを意味する。その世界も豊かであるが、英語を操る人たちにだけ触れるか、彼らにだけわかりやすいような説明をすることになりがちである。非英語圏の広大な精神世界はわからない。英語の書籍や論文だけではなおさらである。

　例えば、多くのアメリカの政治学者は中国を「儒教国家」と見なし、議論を進める。これは「あるがまま」ではない。中国語が読めても、最初の認識や設定が間違っているなら、その分析はミスリーディングである。洋の東西を問わず、良心的な学者は、中国を「何々」と断定することを恐れ、「中国とは何か」を追求する。しかし、得られた結論は仮のものに過ぎない。中国研究の意義はこの中で追い求めることができる。中国を含む非英語圏での実際の生活はこのような研究の第一歩となる立場を考える上で大切であろう。

　外から与えられた問題の立て方や状況判断をそのまま使えば格好はつきやすい。一定の評価も得られやすい。しかし、与えられた問題設定に沿って、その時点で求められていることに応えることが正解であり続けるとは限らない。状況は変化し、それにつれて答えも問題さえも変わる。現状への過剰適応は、終わりの始まりである。だから「人には笑われていろ」である。

（同志社大学法学部教授）

論 説

「一帯一路」構想と途上国開発援助に関する考察
—「南南協力」と PPP の視点を中心に—

張 陶 偉 鑫

初稿受付　2019 年 7 月 31 日
査読通過　2019 年 9 月 9 日

はじめに

　本稿では、伝統ドナーによる援助方式の限界を再検討し、「一帯一路」構想における PPP（Public Private Partnership）を中心とする中国の三位一体の対外経済協力方式を検討するとともに、スリランカのハンバントタ港を事例に、南南協力の可能性について考察する。

　中国の途上国への援助体制は、従来の「伝統ドナー」によって供与された援助方式と異なり、投資・貿易・援助の「三位一体」という指摘がある（大野 2012, 小林 2012）。さらに「対外経済合作」を加えると「四位一体」との指摘もある（榎本 2017a）。大橋（2012）が言うように、このような途上国に対する経済インフラ開発援助は、「対外経済合作」を中心に展開している。徐（2017）は、中国国内における社会資本整備の PPP 方式の進展を確認しつつ、PPP は「対外経済合作」の重要な部分として、「一帯一路」構想に埋め込まれていると主張している。以上の議論を踏まえ、徐（2018b）は、中国が展開している「一帯一路」構想における投資・貿易・援助の「三位一体」の対外経済協力システムにおいて、PPP は中核的な位置付けが可能であると指摘している。

　社会資本整備と経済成長の関係を研究する先行研究は数多く存在している。日本に関する研究では吉野・中東（2001）、斉藤（2008）などがある。中国に関する研究では、Chatterjee（2005）、Straub et al.（2008）、Sahoo et al.（2010）などがある。このいずれの先行研究も経済成長にとっての社会資本整備の重要性を強調している。さらに、ロストウ（1961）は、後発国が近代社会へ「離陸（テイクオフ）」するために、インフラである社会資本の整備は先行条件で決定的な役割をもつものとしている。ロストウの「離陸論」に加え、サックス（2006）は「梯子の理論」を提唱している。ここでは、適切な計画に基づいた開発援助の資金を途上国に供与する必要が主張され、ビッグ・プッシュを通じて、「貧困の罠」から脱出することができると、開発援助の正当性に根拠を与えた。開発援助は途上国における人々の「貧困の罠」から脱することが極めて重要であると主張している。

　今まで、先進国を中心とする援助のあり方では、大野（2012）によると、「貧困削減至上」主義のもとで、伝統ドナーは社会セクターと農業を優先分野としてきた。社会インフラ整備の重要性は確かだが、自立的な経済成長を促進するためには、経済インフラの整備も極めて重要である（Akramov2012,

中国研究論叢　第19号　（2019.11）

Galiani et al.2015）。一方、伝統ドナーによる援助は、途上国に援助依存（Moyo, 2009）、腐敗、資本逃避（Easterly, 2006）、弱い国家能力（Deaton, 2013）などをもたらしてしまうため、援助の無効性を論じる研究も多くある。しかし、こうした研究は援助資金の流れと援助の条件にとどまっており、制度経済学の視点からみる議論は多くない。Martens et al. (2002)，Easterly (2009) は伝統ドナーによる援助における「プリンシパル＝エージェント」問題を提示し、大規模な援助計画では、援助者と被援助者におけるインセンティブの不一致性により有効性を低下させると指摘する。先進国の援助と異なり、中国が提起した「一帯一路」構想は、「南南協力」の一環として、途上国各国における開発・改革の自主権(ownership)を尊重し、経済インフラの整備に重点を置いている。これについて Lin and Wang (2016) は、中国の経験を踏まえて、新構造主義経済学を提唱している。この新構造主義経済学では、途上国は自国の比較優位性を認識し、労働集約型産業の育成と共に、経済インフラ整備、特に、道路、港湾といった物流インフラや電力といった産業インフラに投資すべきであると指摘している。Lin and Wang (2016) では、中国の経済成長を事例にして、途上国にとって経済インフラ整備はその国の「離陸（ロストウ）」（もしくは「梯子を登る（サックス）」）に極めて重要な役割を果たすと言及している。

　本稿では、以上の問題意識のもとで、第1節では、途上国開発における社会資本整備の重要性を示し、従来型の開発援助の有効性に対する問題点を整理したうえで、「南南協力」ではどのように対応できるかについて考察する。第2節では、中国のPPPを中心とした対外経済協力について考察し、中国の対外援助方式の独自性、一帯一路においてPPPが重要である理由、さらに一帯一路で展開するPPPにおける課題について検討する。第3節では、「南南協力」の一環である「一帯一路」構想では、PPPを手段として、どのように途上国経済インフラ整備を展開し、伝統ドナーによる援助の問題点にいかに対応するかに関して、スリランカのハンバントタ・プロジェクトの事例を通じて考察したい。

第1節　途上国従来型開発スキームの限界

1-1 社会基盤とした社会資本整備の必要性
1-1-1 社会資本の定義
　社会資本整備が経済成長に対する影響を議論する前に、「社会資本」に関する定義を整理する必要がある。本稿で議論を展開する中国における PPP は、欧米をはじめとした先進国における PPP の定義と若干異なるためである。中国政府が推奨する PPP は、「政府と社会資本の合作（協力）」のように表現されている。国有企業は中国の PPP における重要な推進役である。財政部「全国 PPP 総合信息平台項目庫 2019 年一季度報（全国 PPP プロジェクトデータベース総合情報センター）」によれば、当年度合計 5,541 個のプロジェクトのなか、社会資本として参加した企業は 9,565 社あって、そのうち国有企業は 4,916 社（51.4%）、民営企業は 3,341 社（34.9%）、ほか港澳台系の企業は 136 社（1.4%）であった。それに対して、先進国の国々や国際機関では、公共部門と民間部門との連携関係とし（EC, 2003）、さらに業務委託と民営化の間に位置付けていることが一般的である（NCPPP, 2002）。要するに、中国

の政治体制における独自性から国有企業も社会資本と見なし、行政部門と連携しつつ、PPP を展開している。これは、世界銀行などに主張されている民間企業を主導とする PPP と区別する必要がある。

社会資本に対する定義は種々雑多である。宇沢（2000）は社会資本を「社会的共通資本」と称し、土地をはじめとする大気、土壌、水、森林、河川などの自然資本だけでなく、道路、上下水道、公共的な交通機関、電力、などの社会的インフラストラクチャー、さらに教育、医療、金融、財政制度などの制度資本も含める包括的な概念として定義している。開発経済学のなかで、ハーシュマン（1961）は、低開発国の開発を政府主導による「社会的間接資本」と民間企業による直接的生産活動の二つの概念を用いて理論化しており、低開発国において、私的企業が投資を行うにあたって最低限の社会資本が必要であり、それが発展を促進すると考察し、社会資本全体としての総量の増加を研究対象としている。それに対して、宮本（1967）はハーシュマン（1961）の定義を取り上げつつ批判を加えている。当時日本のような発展途上国では全体としての社会資本の充実というよりも、労働の再生産を支える社会資本の増加が必要であると主張し、個別の社会資本を検討し、それぞれ増加を研究対象としている（大水, 2017）。本稿では、議論を展開するため、社会資本とインフラストラクチャー（以下、インフラ）をほぼ同義と見なす。

1-1-2 社会資本整備の必要性

ロストウの『経済成長の諸段階』（1961）では、後発国が近代社会へ「離陸（テイクオフ）」するための先行条件のなかで決定的な役割をもつものは、社会資本の整備だと捉えている。インフラの整備は、労働生産性の上昇や生産・取引コストの削減を通じて経済成長を促進する効果があり、主に、直接的に有効需要となるフロー効果と、外部経済効果による生産性が向上するストック効果の二つの経路から経済成長へ貢献するというアプローチである。インフラの整備は一般的に生産活動と居住環境の改善を通じて、生活の質を向上させる効果の二つの側面がある（吉野・中東, 2001）。例えば道路インフラの場合、原材料の調達や製品の出荷に当たる運送費用と時間コストを減少させることにより商圏が広がるような生産活動を向上する効果と、投資家や労働者が「足による投票」によってよりインフラ整備の良好な地域を選択していくような居住環境を改善するといった二つの効果がある。要するに、良好なインフラが存在することによって生産性が向上する効果と民間資本、労働力双方の供給を増大させる効果の二つの経路もある（斉藤, 2008）。国際援助は、後発国に遅れている途上国の国々が、近代社会へテイクオフするために「ビッグ・プッシュ」をする役割を担っている。日本に関する研究では、吉野・中東（2001）は、戦後日本の社会資本の経済効果について論証し、戦後日本における社会資本投資によるマクロ的経済効果は 1970 年までは大きかったとしている。中国に関する研究では、Chatterjee（2005）、Straub et al.（2008）、Sahoo et al.（2010）などが、1990 年代以降中国のインフラ投資による中国経済に与える影響を検証した。

1-2 「伝統ドナー」による国際援助の再検討

1-2-1 援助の必要性

ロストウの「離陸説」では、後発国が近代社会へテイクオフするに、社会資本を決定的な先決条件として捉えているが、実際に後発国において開発・貧困削減のために不可欠な何らかの資源のギャップが存在している。その資源のギャップのなか、Chenery and Strout（1966）は、投資と貯蓄ギャップと外貨準備のギャップといった二つのギャップを重視し、「ツー・ギャップモデル」を提起している。開発途上国では、開発を進めるには、道路、発電所などの経済インフラ建設から、教育、保健・医療などを支えるための組織、人材の整備まで、様々な投資には莫大な資金が必要となる。しかし、多くの途上国では、これらの投資の原資となる貯蓄の形成が進まず、開発が制約される結果となっている。多くの開発途上国は所得水準が低く、貧困者の割合が高いため、国内での民間貯蓄の形成は期待できない。付加価値税や個人所得税が一般化されていない途上国政府の歳入は主により経済規模の小さいかつ徴税しやすい関税や法人税に偏っている。また、公務員の人件費、債務償還費など毎年一定の支出を要する経常収支を減らすことが難しい状況のなか、国内での政府貯蓄形成も難しい。国外からの開発援助がこうした国内貯蓄のギャップを補填する役割にある。一方、投資を行う場合、道路、空港、港湾などの建設に必要な資本財を自国のみで調達するのは困難である。高度な技術を要する資本財は開発途上国自身が生産できないため、一部の資本財は輸入しなければならない。それを輸入するに必要となる外貨は輸出によって獲得することができるが、多くの開発途上国は消費財なども輸入しなければならないことが多いため、結果的に外貨は不足しがちとなる（高橋・福井，2008）。開発援助は、このような外貨準備の不足を補填する役割を担う。

こうしたツー・ギャップを埋めることが開発援助の正統的な役割で、それ以外は被援助国の自助努力によるべきであるという概念は現在においても強い影響力を持っている（高橋・福井，2008）。サックス（2006）は「梯子の一番下の段に足を掛けられるか、発展の糸口を掴めるかが重要であり、開発援助はそれを手助けする役割を持っている」という「梯子」の理論を主張し、援助を積極的に活用すべきだと考えており、貧しさゆえの低貯蓄と、成長加速に必要とされる高投資の間の資金ギャップを埋めるために、外部からの資金と技術の大量移入をもって貧困にあえぐ開発途上国の経済成長を離陸させようとする支援のアプローチを主張している。

1-2-2 伝統ドナーによる援助の特徴

OECD が定義している ODA では、開発途上国の経済開発や福祉の向上に寄与することを目的として、政府または政府機関によって供与され、資金協力の供与条件はグラントエレメントが 25%以上とされている[1]。援助対象は OECD の付属機関である開発援助委員会（DAC）が認定された開発途上国に絞っている。

---

[1] JICA ホームページより。

二国間援助と多国間援助を含めた ODA の援助は、60 年代から総額約 2 兆ドルを超えた規模となった（図1）。このような伝統ドナーから供与された援助は主に次のような特徴がある。

まず、伝統ドナーによる援助は社会セクターと農業を優先分野している。60 年代からの「国連開発の十年」では、多くのドナーにより開発途上国に対して莫大な額の開発援助は途上国の状況を十分に改善されておらず、経済成長の成果が底辺の民衆をバイパスしてしまう。それで、70 年代に国際機関とアメリカによって「ベーシック・ヒューマン・ニーズ」のアプローチが唱えられた。人間として最低限必要な食料や栄養、基本的な社会サービス（医療・保健、衛生、初等教育など）を貧困層に効果的に届くような方法で供与しようとする基本的な考え方として、ILO（国際労働機関）は 1972 年の報告書で開発戦略の転換を求めた。同時期において、アメリカは、「対外援助法」が改正され、援助の「新しい方法」のもとに、社会セクターと農業を優先分野とし、貧困層や恵まれない人々に対象を絞った援助が提唱された（下村，2009）。90 年代から 2000 年代初期にかけて MDGs や貧困削減戦略（PRS）のもとで、貧困削減に直接寄与する社会セクターの開発を重視する潮流が支配的だった。IDA（2007）によれば、低所得国向け ODA の分野別配分では、90 年代前半より 2000 年代になると、社会セクターが全体の 29％から 52％へ大幅に増えた。また、インフラは 33％から 26％、生産セクターは 26％から 12％と減ってきた（大野，2012）。

図 1　途上国に対する ODA 援助額の推移

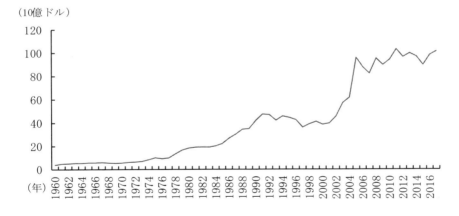

出所：World bank AidFlow データベースより作成。

次に、援助の供与先はガバナンスの良い国に絞り込んでいる。世界銀行による「援助の有効性」研究の報告書（1998）では、「貧困が深刻でありかつガバナンスの良い国に援助を集中的に配分するのが最も効率的な援助である」という結論が出されている。それを根拠に、伝統ドナーは援助供与先を選択的に絞り込もうという戦略が打ち出された。

そして、途上国が IMF に救済融資を仰ぐとき、IMF がその国に課す条件は「コンディショナリティ」

と呼ばれるものである。IMFは1〜3ヶ月ごとに、コンディショナリティで求めた経済政策が正しく実行されているか融資対象国を厳しくチェックする。当初決めた「Letter of intent（趣意書）」による規定の通りに進めないと融資の凍結がなされる（石川，参川2009）。こうしたコンディショナリティを通じて、供与先のガバナンスの改善も図っているが、決して成功してきたとはいえない（Mold, 2009）。また、条件付きの援助によって、開発途政府の開発自主権が奪われることで、援助の有効性が低下している（Lin and Wang, 2016）。

　伝統ドナーの援助はアンタイド化してきた。アンタイド化は援助受入国に対する開発効果について、負の効果か正の効果か、いままでのところ明らかになっておらず、受入国政府はメリットとデメリットの間でトレードオフに直面している（Saidi and Wolf, 2011）。

1-2-3 伝統ドナーによる援助にめぐる議論

　伝統ドナーによる国際援助の有効性に関しては、常に論争が繰り広げられている。既存研究のなかで、伝統ドナーから供与された援助は有効性があると考えているのは、Burnside and Dollar（2000）、Sachs（2009）、Arndt, Jones and Tarp（2010）などである。Burnside and Dollar（2000）は、56ヵ国の開発途上国を対象に、1970年〜1993年までのデータを使用し、対象国の財政黒字、インフレ率、対外開放度を基に政策の質を表す指数を作成し、被援助国の政策の質と開発援助の関係を分析した結果、良い財政、金融、貿易政策を行っている開発途上国に限り、開発援助が成長に対して正のインパクトを与えるという結論が得られた。Burnside and Dollar（2000）による実証研究の結果は影響力が極めて高かった。当時において、多くの権威のあるマスメディアに引用され、多くのドナーの援助政策に強い影響を与えた。Sachs（2009）は、既存援助が貧困削減の目標に届いていなかった原因は、これまでの援助規模が少なかったことにあり、援助規模をさらに拡大すべきであると主張する。Arndt, Jones and Tarp（2010）は、統計上で援助が長期的な経済成長に対して正の相関が顕著であることを実証した。しかし、実証分析による結果はさまざまであり、伝統ドナーによる援助の有効性に対していまだ共通認識が形成されていない。

　一方、伝統ドナーによる援助が無効であると考えている既存研究も多くある。こうした研究では、主に伝統ドナーから供与された援助は、逆に途上国に援助依存（Moyo, 2009）、腐敗、資本逃避（Easterly, 2009）、弱い国家能力（Deaton, 2013）などを招来してしまい、悪影響を与えると指摘している。Moyo（2009）は、譲許性の高い援助はむしろ「援助依存」を引き起こすため、譲許性の低い商業ベースの融資の必要性を説いた。Deaton（2013）は、開発援助の受入は現地政府機能の向上を阻害してしまい、特にアフリカ地域において医療・保健領域への悪影響が強かったと指摘している。Easterly（2009）は、これまで発展を遂げた国は実のところ援助をそれほど受け入れておらず、援助の受取額と経済成長の関連性は弱いことを実証し、現在まで50年間で、伝統ドナーから約2.3兆ドル規模の援助がなされてきたが、適切に援助が必要とされた人々の手元に数％しか届いておらず、今までの援助のやり方ではプランを立てるよりも、途上国の実情や先行した施策の効果に踏まえて、フィードバ

ックを参考しつつ援助を進めるべきだと強調した。

　ここまでは主に援助資金の流れや援助の条件をめぐりながら有効性を評価している研究であるが、制度経済学の視点で伝統ドナーによる援助に関する研究としてはMartens et al. (2002)、Easterly (2009)、Akramov (2012)、Galiani et al. (2015)、Van der Hoeven (2012) がある。Martens et al. (2002) と Easterly (2009) は、伝統ドナーによる援助における援助者と被援助者双方の間に存在する「プリンシパル—エージェント」という問題に注目している。Martens et al. (2002) は、「対外援助の本質では情報フィードバック機制の断裂に基づいて、援助プロジェクトを実施する際に多くの制約を加えてしまう。こうした制約の存在が原因で、プロジェクト実施中における情報フローが不完全であるから」と述べている。さらに、コンディショナリティに基づいた援助に対して、DAC（開発援助委員会）の元責任者である Svensson の質問を引用し、次のように提示している。

　　　Why would a donor pay a recipient to do something that is anyway in his own interest?

　　　And if it is not in his own interest,　why would the recipient do it anyway?

　　　（もし援助プロジェクトは被援助側自身の利益に沿って制定されたものならば、援助側は
　　　なぜ資金供与を通じて、被援助側にそのプロジェクトを受け入れさせるか？反対に、被援
　　　助側にとって有益でないプロジェクトであれば、なぜプロジェクトを受け入れるか？）

　　　　　　　　　　　　　　　　　　　　　　　　　　　　　出所：Martens et al. (2002)

　事業成功に最も利益相関となる被援助国の「貧困層」と援助者である「ドナー国の納税者」は、援助プロジェクトに対して、提案から実行までにおける意思決定プロセスに関する情報をまったく手に入れず、最悪の場合、援助国と被援助国の官僚は自分の利益、価値観や目標に企ててプロジェクトを実施することになってしまう（Easterly, 2009）。その後、Svensson (2003) は、インセンティブ向上に関する政策提言をし、援助ドナーは被援助国ごとに援助額の予算を約束するのでなく、ひと組の供与国に対して援助の総額を規定し、さらに事業に関する改革や結果を条件にし、最終に援助額の決算はその条件を満たすか次第で援助の供与を決める形によって援助の有効性を引き上げると考えている。

　この研究で指摘された援助者と被援助者の間に存在するインセンティブの非同調性について、Lin and Wang (2016) は、コンディショナリティに基づいた援助における中核的な矛盾として捉えている。しかし、援助における情報の非対称性や「プリンシパル＝エージェント」問題に関する研究はまだ少ない。

　Akramov (2012)、Galiani et al. (2015)、Van der Hoeven (2012) は、対外援助の部門配分に関して研究でふれてきた。Galiani et al. (2015) は、援助が経済成長に対して正のインパクトを与えており、そのアプローチは主に実物投資の増加によって実現させているとし、こうした結論は、Akramov (2012) による「経済援助とは生産セクターと経済セクターを含めており、国内投資を増やすことによって経済成長に影響を与えるアプローチであるが、社会セクターへの援助は人的資本形成と経済成長向上に対する影響が顕著でなかった」という結論と一致している。Van der Hoeven (2012) では、ミレニアム開発目標（MDG）が雇用と不平等への関心が弱いと指摘し、さらに経済インフラ整備を中心とした中国

型成長モデルに注目しつつ、雇用と生産力向上に関わる援助を国家と国際経済および金融政策の変化と関連して雇用創出（貧困削減）を最優先課題とさせるべきだと主張する。要するに、社会セクターへの援助よりも経済セクターに援助したほうが、経済成長に与えるインパクトが強いことで、近代社会への「離陸」が加速できる。

　大規模インフラ整備と各種優遇措置の認められた経済特区により外国企業を誘致し輸出主導型の経済成長を実現しつつ、外国企業からの技術移転により自国産業を育成し更なる輸出振興を実現したのが中国の経済成長モデルである。こうした経験に踏まえて、Lin and Wang（2016）は、「南南協力」を通じて、途上国は自国の比較優位性を認識し、経済インフラを中心に整備することによって近代社会への離陸させていくアプローチを主張している。また、途上国同士の協力によってコンディショナリティに基づいた援助の「プリンシパル—エージェント」問題を緩和することが可能となる。

1-3 「南南協力」はより有効か

　Lin and Wang（2016）はOECD・DAC定義下の「アンタイド」原則では、援助が貿易と異なり、市場メカニズムと比較優位性[2]の概念を無視しており、さらに「コンディショナリティ」の原則に基づいて、援助は一方的な供与となり、援助受入国は自国の開発自主権（Ownership）が奪われて、受動的な立場となってしまう。それに対する「南南協力」では、途上国同士は各自もっている優位性をしっかり認識して自国が本当に必要としているものを優先して共同開発を行う。中国は長年途上国に属しており、一貫して「南南協力」の中心メンバーと自負しており、中国の対外経済協力は、総額で見て大きいが、一人当たり平均でみれば非常に小さいことで、自身の国際協力を「南北援助」でなく「南南協力」と位置付けている[3]。

1-3-1 「比較優位性」の活用

　「新構造主義経済学」を提唱するLin and Wang（2016）では、伝統ドナーによる援助の有効性を疑問視し、コンディショナリティ原則に基づいた伝統ドナーの援助では、援助者と被援助者双方におけるインセンティブの不一致性が援助の有効性を低下させる要因の一つとして考えている。「南南協力」において、うまく構造改革を遂げた国（ロストウによると離陸した国）は、ドナー国としてその成長過程に積み上げてきた経験や比較優位性を活用し、ポスト国に指導する役割を果たすことができる。「南南協力」では、この理論を援助市場で展開しており、それによって双方のインセンティブを統合させて、

---

[2] Lin and Wang（2016）が提起している「比較優位性」は、一国の輸出品を基準とするものであり、「顕示的比較優位（以下、RCA）」指数によって、$RCA_{ij} = \frac{x_{ij}/X_{it}}{x_{wj}/X_{wt}}$という算式で判断できる（$x_{ij}$は、i国の輸出品の価値、$x_{wi}$は世界輸出品の価値、$X_{it}$はi国の総輸出、$X_{wt}$は世界の総輸出を示している。RCAの値が1以上の場合は、i国の商品は顕示的比較優位性があるものであり、RCAの値が1より小さい場合、i国の商品は顕示的比較劣位性である）。

[3] 李小雲（2011）JICAフォーラム講演要旨による（http://www2.jiia.or.jp/report/kouenkai/2011/111202j-forum-s1.html 最終閲覧 2019.7.20）。

互恵関係を結びつけられる。

　伝統ドナー援助では、「大規模な援助計画」、「簡単な解決策の約束」、「ユートピア的夢」、「豊かな国の政治・経済的利益」といったインパクト的な援助を好むのに対して（Easterly, 2009）、「南南協力」では、漸進主義を提唱し、一国の経済成長では、ショック療法よりも、段階的に生産要素の賦存量を拡大する限り、構造改革を円滑に進めることができる（図2）。中国における漸進的な改革では、経済特区により外国企業からの技術移転によって自国産業を育成するようなアプローチが高度成長を促進した。こうした経路に従えば、同様に比較優位性をもつ高度成長を遂げたドナー国は、自国経済特区の経験を受入れ国にシェアしたり、労働集約産業を受入れ国に移転していったりすることもできる。その一方、相対的に経済成長が遅れて比較優位性を欠く受入れ国は、貯蓄と海外からの投資を通じて、段階的に自然、実物、人的、制度的資本の賦存を拡大させていく経路を選択すれば、離陸することが可能となる。多少は時間がかかっても、資本不足である受入れ国にとって、比較優位に沿うかどうかは賦存拡大の成否を決めるカギで、躍進的な実現が不可能である。

図2　漸進的な賦存の拡大

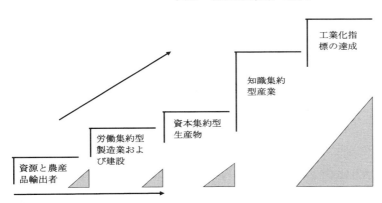

出所：Lin and Wang（2016）より。

　途上国の間で、比較優位性を持つ国や部門は、相対的に比較優位性が低い後発国に技術協力や政策提言などを行いつつ、後発国の労働集約産業を育成するという経路で共同発展を図る必要がある。Lin and Wang（2016）は、世界銀行WITSのデータベースを用いて、2010〜2011年をサンプル国（合計97個の部門）のRCA値を算出した結果、中国は多くの部門において比較優位性が顕著であり、途上国の競争力の向上をけん引する役割を果たすことができると考えられる。

1-3-2 経済・生産セクター開発に重点を置く

　伝統ドナーの援助では、多くの資金を貧困削減に直接寄与する社会セクターや農業の分野に投入され、

インフラ整備への関心が弱かった。「ワシントンコンセンサス」に踏まえた主流な経済学では、「小さい政府」を提唱し、政府が個人部門に対する公共財の提供という重要な役割が常に軽視されてしまう。また、無償供与や優遇借款を中心する ODA では、インフラの開発に投じられる援助規模が少なかった。Neilson et al.（2009）によれば、1973 年から 1990 年にかけて、インフラに対する援助シェアは年平均 29.5％であり、1991 年からその割合が減少に転じ、2002 年までインフラに対する援助額の年平均割合はわずか 8.3％しかなく、その後も低迷したままである。さらに、社会インフラと経済インフラを分けてみると、ODCD データベース[4]によれば、DAC 加盟国による二国間 ODA では、1996 年～1997 年の間、社会インフラへの ODA 援助規模は 29.5％、経済インフラは 23.4％であった。直近の 2016 年～2017 年の値をみると、社会インフラは 33.8％に上昇したが、経済インフラは 17.3％に低下した。

　その一方、中国が積極的に参加する「南南協力」では、中国企業が高速道路、鉄道、港湾建設などの経済インフラの領域において優位性をもっている。Akramov（2012）と Galiani et al.（2015）は主張したように、社会セクターへの援助よりも実物投資を増やす経済セクターへの援助を増やすことが、経済成長に与えるインパクトが強いのであれば、中国を中心に展開される「南南協力」は、後発国の「離陸」に大きな役割を果たせるはずである。

1-3-3 途上国開発・改革「自主性（ownership）」の尊重

　伝統ドナーによる援助では、コンディショナリティに政治的条件を紐づけている。一方、BRICs 諸国や中国などの新興ドナーでは、ポスト国に政治条件を課せば、当該国の主権を侵害することであると捉えている。

　伝統ドナーの援助では、IMF が融資要請国とスタンド・バイ取決めを結ぶ際に、ミッションを派遣して、要請国の経済状況についての IMF の見解と採用すべき諸政策についてのガイドラインからなる「Letter of intent（趣意書）」[5]を作成する。援助プロジェクトの執行はこうした趣意書に違反する場合、融資が凍結となる。それによって、被援助国は、現地の状況に合わせてより良い改革や政策制定を調整しようとする際に、その趣意書からの制約によって行き詰まってしまうことが多いことで、コンディショナリティによる制約は、被援助国の開発と改革の自主性を大きく損っている。

　また、援助側と被援助側の間に存在するインセンティブの不一致性によって招致された「プリンシパル＝エージェント」問題も援助の有効性を低下させる原因の一つである（Martens et al.2002, Easterly2009）。援助を決定する前に逆選択問題が生じうる。援助者（プリンシパル側）に被援助者（エージェント側）が持つ私的情報（受入国に関する情報）についての情報が無く、効率的な援助を行うことができない状況によって生じる。援助が執行された後にモラルハザードの問題が生じうる。執行した

---

[4] OECD, Statistics on Resource Flows to Developing Countries
（http://www.oecd.org/development/stats/statisticsonresourceflowstodevelopingcountries.htm 最終閲覧 2019.17.11）.
[5] Letter of intent は、要請国の経済状況についての IMF の見解と採用すべき諸政策についてのガイドラインからなる（奥田，1989）。

後、被援助者（エージェント）の行動が外部（援助者）から監視できないため、エージェントが援助に対する努力を怠ったりする誘引が生じてしまう。すなわち、プリンシパルとエージェントの利害関係の不一致性と情報の非対称性の存在は、インセンティブ問題の本質である。Lin and Wang（2016）は、「南南協力」は「運命共同体」を作ることによってこの問題を緩和することができるとしている。

バンドン会議による「世界平和と協力の推進に関する宣言」（1955）と国際連合憲章（1970）では「内政不干渉」を原則としており、「南南協力」はこの原則に基づき、途上国自身が開発の自主権（ownership）を尊重する。途上国各国が自身の開発を第一義的責任とし、受入れ国は自発的にプロジェクトをドナー国に要請し、ドナー国は受入れ国に対する指導的な役割を担い、共同参画のもとで条件無しにプロジェクトを展開することである。両国間は上下の関係でなく、平等な立場であり、いずれも拒否する権利を保有する（アディス・アベバ行動目標（The Addis Ababa Action Agenda）第56条[6]）。

「南南協力」は、援助ではなく、ドナーと受入れ側のいずれも自分の国益を追求するための行動であり、双方の利益を調整し、インセンティブを統合することで、適切な均衡点を求める。そのため、共同参加は必須条件である。それを具現化したのは後で分析を展開するPPPである。中国が提起した「一帯一路」構想は、「南南協力」の一環として位置付けられ、徐（2018b）が言うように、投資・貿易・援助の「三位一体」の対外経済協力システムにおいて、PPPは中核的な位置付けとなっている。

第2節　中国のPPPを中心とした対外経済協力

上述したように、伝統ドナーによる援助では、「コンディショナリティ」のもとにインセンティブの不一致によってもたらす「プリンシパル＝エージェント」問題がある。それに対して、Lin and Wang（2016）は、現地政府に開発自主権を保有し、「運命共同体」を構築すべきだと主張している。具体的に、主体とする中国インフラ系の国有企業はその比較優位性を発揮しつつ、PPP方式を媒介として、協力双方のインセンティブを統合する必要がある。本節では、まず中国型の対外経済協力について考察したい。次に、PPPにおける具体的な構造を明らかにする。さらに、「一帯一路」を「南南協力」の一環として、そのなかにおけるPPPの位置付けを議論する。

2-1 中国型の対外経済協力

中国の対外経済協力と伝統ドナーによる援助との差異について、OECD開発センターのSaldi and Wolf（2011）は、表1のようにまとめている。彼らは「国際開発協力」を、それぞれ人道援助・慈善を

---

[6] 国連の第三回開発資金国際会議では、「アディス・アベバ行動目標（The Addis Ababa Action Agenda）」という文書が採択された。その第56条の原文は、「南々協力は、南北協力に対する、本質的ではない、補完的なものとして開発のための国際協力の重要な要素である。私たちは、その増加した重要性、異なる歴史および特殊性を認識しそして南々協力が、南の諸国の共有した経験と目的に基づく、南の人々および諸国内の連帯の表明として見られるべきことを強調する。それは、国の主権、国の主体的取組および独立、平等、無条件、国内問題不干渉および相互利益に対する尊重の原則により指導されることが続くべきである」である。

中国研究論叢　第19号　（2019.11）

目的とする西欧型の「国際開発援助」と、経済協力を重視するアジア型「国際開発投資」に分けている。さらに、榎本（2017）は中国の対外経済協力を日本に起源するアジア型の「国際開発投資」に位置付けている。

　中国の対外援助に関して、中国国務院新聞弁公室はそれぞれ2011年と2014年で「対外援助白書」を公表した。しかし、国・地域別の対外援助の配分といった基本情報が非公開であり、毎年の財政報告でその総額が公表されているが、全体像が十分に把握できない。大橋（2012）によれば、中国の対外援助に対する国際的な関心の高まりは、貿易、投資、融資、援助など、開発途上国に対する中国のさまざまな経済活動が渾然一体となってきた結果、中国がオーバープレゼンスの状態にあることを反映している。

表1　伝統ドナーと中国の援助の比較

	伝統ドナー	中国
範囲	ODAの概念。OECD・DACの定義にもとづく	ODAの概念なし。貿易・投資・援助の境界は必ずしも明確でない。
重点分野	社会セクター（基礎教育・保健、等）、MDGs達成が最上位目標。	経済・生産セクター（インフラ、産業農業開発、等）
政策コンディショナリティ	ガッドガバナンス重視、政策コンディショナリティあり。	内政不干渉、政策コンディショナリティなし。
援助形態	プログラム型援助（財政支援、等）	プロジェクト型援助、及び他の金融支援（輸出信用、インフラによる資源獲得、等）。
タイド条件	アンタイド	自国の労働者や資機材調達とのタイド化の場合あり。

出所：Saldi, M.D and C.Wolf（2011），"Recalibrating Development Cooperation:How Can African Countries Benefit from Emerting Partners?"、OECD Development Centre　Working Paper No 302.

　『中国の統計年鑑』2018年版によると、「対外経済協力」は、「対外請負工事（対外承包工程）」と「対外労務協力（対外労務合作）」を含めている[7]。対外請負工事は、中国の建設・土木請負業者が実施するプロジェクトであり、これには、外国投資家のファイナンスによるプロジェクト、中国政府の対外援助によるプロジェクト、中国の外交団・貿易事務所等海外駐在機関の建設プロジェクトなどが含まれる。対外労務協力とは、対外請負契約に基づき、中国国内で労働者を募集・選抜して海外派遣し、中国企業と海外事業者との共同事業への提供も含む海外事業に対する技術・労働サービスの提供であり、国内の過剰低賃金労働を国家が組織的に海外輸入する途上国特有の制度である。こうした中国企業の受注を条件とするタイド援助では、地元の雇用拡大につながらないとか、技術移転がなされないといった批判がよく寄せられる。

---

7 対外設計コンサルティング（対外設計諮詢）は、海外事業者に対する技術サービスであり、地理・地形図作成、地質資源探査・調査、建設区画計画の策定、設計文書・図面や生産工程・技術資料の提供、エンジニアリング、コンサルティングなどからなる。2009年までに対外経済協力の独立項目とされたが、2010年以降対外請負工事に統計項目上吸収されている。

2000年～2017年までの対外請負工事、契約金額は約2兆ドル、完成営業額は約1.3兆ドルまでの規模に達している。中国の対外請負工事の内訳をみると、一帯一路沿線国が占める割合が大きい。中国商務部が公表した「中国対外請負工事発展報告2017－2018」によれば、2013年～2017年、全世界に対する請負工事契約額はそれぞれ2100億ドル、2440億ドル、2652億ドルで、そのうち一帯一路沿線地域の契約金額は926.4億ドル、1260.3億ドル、1443.2億ドルであって、それぞれ44％、51％、54％のシェアであった（図3）。

表2　2000年代以降中国対外経済協力の推移（億ドル）

	対外請負工事				対外労務協力	
	契約金額（億ドル）	完成営業額（億ドル）	派遣者数（万人）	期末人数（万人）	派遣者数（万人）	期末人数（万人）
2000	117.19	83.79		5.56		36.93
2001	130.39	88.99		6		41.47
2002	150.55	111.94		7.85		41.04
2003	176.67	138.37		9.4		42.97
2004	238.44	174.68	7.38	11.47	17.3	41.94
2005	296.14	217.63	8.95	14.48	18.34	41.87
2006	660.05	299.93	13.48	19.86	21.48	47.52
2007	776.21	406.43	15.48	23.6	21.49	50.51
2008	1045.62	566.12	20.01	27.16	22.49	46.71
2009	1262.1	777.06	21.42	32.69	18.01	45.03
2010	1343.67	921.7	22.46	37.65	18.68	47.01
2011	1423.32	1034.24	24.32	32.4	20.91	48.84
2012	1565.29	1165.97	23.34	34.46	27.84	50.56
2013	1716.29	1371.43	27.09	37.01	25.57	48.26
2014	1917.56	1424.11	26.92	40.89	29.26	59.69
2015	2100.74	1540.74	25.31	40.86	27.68	61.83
2016	2440.1	1594.17	23.02	37.29	26.4	59.6
2017	2652.76	1685.87	22.21	37.68	30.02	60.23
合計	20013.09	13603.17	281.39	456.31	325.47	872.01

出所：『中国統計年鑑』2018年版より作成。

図3　世界と一帯一路に対する請負工事契約額の比較

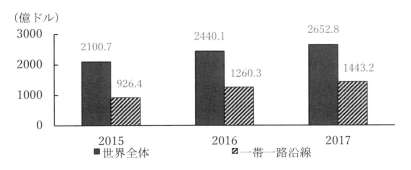

出所：『中国対外請負工事発展報告2017－2018』により作成。
注：対外請負工事と対外労務協力の派遣人数は2004年以前のデータが公表されていない。PPPで実践されているプロジェクトも請負工事契約統計に含まれている。

中国研究論叢　第19号　（2019.11）

　改革開放当初の対外経済協力は外貨獲得が主な目的となったが、2019年5月時点で、中国はすでに3兆1010億ドル規模の外貨準備を保有している[8]。その意味で、外貨獲得の役割にはピリオドを打ち、中国の対外経済協力は新たな局面に入っている。「一帯一路」構想において、対外請負工事は従来の請負方式にとどまらず、プロジェクト主体に推進する総合力が求められている。中国の対外請負企業は、技術力、運営管理、リソース補完などの強みをもって、積極的に電気通信、電力、交通運輸、資源開発など経済インフラ開発の領域で、プロジェクトに対するEPC（設計、調達、建設）、さらに運営や資金調達も加えたBOT／PPP方式という包括的な請負方式に変貌している。

2-2　PPPと「一帯一路」構想

2-2-1 PPPの構造

　PPPの歴史は19世紀半ばにフランスで始まった水道事業のコンセッション方式にまでさかのぼるが、1990年代初頭の英国で民間資本の活用を基調とするPFI（Public Finance Initiative）の制度が導入され、その後、欧州から世界各国に広まり、現在に至るまで数多くのインフラプロジェクトに活用されてきた。PPPで最も用いられる方式は、コンセッション方式とBOT方式である。コンセッションとは、公共事業経営について、事業経営権を取得した民間事業者に施設の管理運営が委託される方式であり、民間事業者はその事業の遂行だけを目的として特別目的会社（SPV）を設立することが必要とされてきた。一方、BOT方式は、最も経済インフラ開発に用いられる方式でもある。民間事業者は新しい施設、設備取得のため自ら資金を調達し、建設（Build）－運営（Operate）した後、契約期間終了後に施設を政府に移転・譲渡（Transfer）するものである。世界中のPPPプロジェクトからみると、コンセッション方式を導入することが多いのは先進国である一方、多くの途上国はそのインフラ施設を新規建設するため、BOT方式が頻繁に使われている。その理由として、徐（2019b）が論じるように、先進国では長年かけてインフラは財政負担で公共事業として行われ、インフラの新規投資というよりも既存のインフラの維持管理と更新を如何に解決するかという問題に直面していることで、維持管理と更新のコストを民間に移転する目的でコンセッション方式を導入することが多い。途上国では、インフラはほとんど整備されておらず、新規のインフラ整備を税収で賄うことが困難なため、多くの場合はBOT方式を採用している。

　その二つの方式の違いは、プロジェクトの所有権にある。コンセッション方式の場合、プロジェクトの所有権を公的機関に残したまま、民間事業者は運営権を取得して事業運営を行う。一方、BOT方式では、契約に基づく一定期間の所有権は政府部門から特別目的会社（SPV）に移すものである（徐, 2019b）。開発援助事業にPPPを導入する背景を考えると、1990年代欧米諸国は自国の財政再建問題が急務となり、途上国向け援助のインセンティブが低下し、その援助の有効性について、強い問題意識を持つようになり、開発援助事業に新たにPPPを導入するようになった（山田, 2005）。「南南協力」

---

[8] 中国国家外貨管理局ホームページにより（http://www.safe.gov.cn/safe/2018/0112/8053.html 最終閲覧 2019.7.13）。

が提唱する途上国の開発自主性（ownership）というのは、経済インフラ整備の援助事業において、途上国政府は一定期間のプロジェクトに対する所有権（特許経営権）を、現地の政府と企業と援助国企業との特別目的会社（合資会社）に与えるもので、実質上の所有権は途上国政府が保有するままである（図4）。後に詳しく考察するハンバントタ港総合開発プロジェクトが採用しているのはこのBOT方式である。

図4　援助におけるPPPの構造

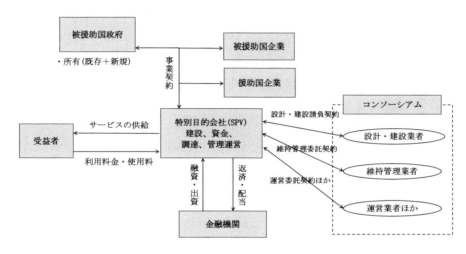

出所：筆者作成。

2-2-2　一帯一路で展開するPPPの課題

伝統ドナーによる援助の有効性に関する議論のなか、プランニングをするよりも現状のフィードバックを重視すべきであるという指摘がある（Easterly, 2009）。援助プロジェクトにPPP方式を採用すれば、伝統の援助より現地のフィードバック機能を重視する効果がある。PPPに対する一般認識では、政府部門と民間部門との間に連携する関係にとどまっている。それは「狭義のPPP」に過ぎず、実際に「広義のPPP」では、地域住民も含めて三者間でWin-Win-Winの関係を形成する必要がある。図5で示しているように、ただ政府と事業者の関係のみならず、受益者（援助では、現地の貧困層）である地域住民もパートナーとして巻き込んで、貧困住民の公共サービスへのアクセスが十分に確保されるよう、地域住民の声が政府と民間事業者（特別目的会社）に届くための仕組みが必要である。これらが総体として機能することで、はじめて三者の間でWin-Win-Winの関係が成立する。伝統の援助による断裂なフィードバック機制がここのPPPによって補完することができる。

また、密接なWin-Win-Winの関係によって、伝統ドナーの援助におけるインセンティブの不一致性によって生じる「プリンシパル＝エージェント」問題も同時に緩和できる。PPPによる特別目的会社（SPV）の設立は、援助国の企業と現地の企業と政府との利益をバンドリングし合い、インフラ事業に

当たって将来的に収益が得れば、双方とも稼ぐ（損失すれば、損失額は双方がシェアリングする）ような互恵関係（「運命共同体」構造）となる。

　広義のPPPでは、住民の発言権と政府の説明責任が重要ではあるが、実際にPPPを論じる際に、狭義のPPPにとどまることが多い。中国が「一帯一路」構想でPPPを展開する際に、地域住民も含めた三者間のWin-Win-Win関係の構築に完全成功しているとは言えない。トム（2018）、徐（2018, 2019a, 2019c）が言うように、中国企業の展開は現地住民による強い反発を受けて緊張関係となる事例もある[9]。その対応策として、徐（2018, 2019a）では、第三国協業の重要性を訴えている。途上国政府による外国企業進出に関わる説明責任や住民の納税体制や発言権の弱さがそれに深く関係している。途上国が不完全なガバナンスのなか、地域住民がWin-Win-Win関係から疎外され、援助に最も利益相関者である貧困層に至る効果が弱まってしまうことである。経済成長を遂げる経済インフラの整備は重要である一方、教育、医療などの社会インフラの整備がガバナンスの改善に寄与する。一帯一路で展開するPPP（狭義のPPP）では確かに、企業と政府側のインセンティブを統合させて経済成長に資するものであるが、ガバナンスを改善し、貧困層を含めた地域住民も加えたPPP（広義のPPP）の構造を形成しなければ、援助における「プリンシパル＝エージェント」問題を完全に解決することはできない。

図5　狭義のPPPと広義のPPP

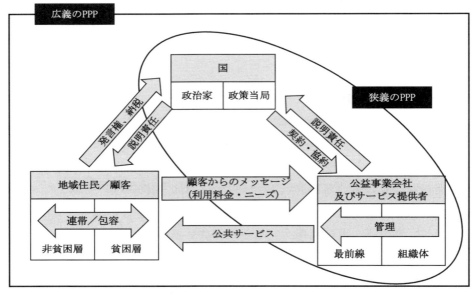

出所：山田（2005）より

---

[9] トム（2018）P.170

中国研究論叢　第19号　（2019.11）

第3節　ケーススタディ～スリランカのハンバントタ港総合開発プロジェクト～

　PPP というモデルを用いて、具体的にどのように途上国に展開しているか、一帯一路構想は「南南協力」の一環として、如何に途上国政府と共同参加しつつ経済インフラの整備を進めているのか、さらに、こうした PPP は伝統ドナーによる援助における問題をどのように緩和するかを、本節において、徐（2019a）との共同研究に基づき、スリランカハンバントタ港開発プロジェクトの事例として考察したい。

3-1 ハンバントタ港開発プロジェクトについて [10]

　ハンバントタはコロンボから直線距離で南に約 240 キロのところにある。中国と合意する前に、港湾運営の採算性が低いという理由で、インドやほかの国際銀行から資金提供を断られた結果、第 1 期プロジェクトはスリランカ政府が中国に要請し、中国国家輸出入銀行から金利 6.3%の商業貸付によって資金調達した。ハンバントタ港の建設は中国招商局港口控股有限公司（以下、「CMHC」）と中国水利水電建設集団公司によって行われた。2008 年からスタートした第 1 期プロジェクトは船の係留施設（バース）建設を中心とするものであった。建設開始わずか 2 年後の 2010 年 11 月に開港セレモニーが行われた。その事業の総コストは 5.1 億ドル、うち 4.26 億ドルは中国からの借款で、残りはスリランカ港務局（以下、「SLPA」）が負担した。コンテナターミナル建設のための第 2 段階が 2011 年 5 月に開始された。港だけでなく、ハンバントタ港周辺の空港、国際クリケット場や国際会議場などの建設も行われた。ハンバントタ港開発で 13 億ドルを超す費用がかかったが、周辺の交通機関は整備されておらず、使用頻度は極めて低いものとされており、投資資金の回収は決して容易なことではない（荒井, 2017）。こうした局面を打開すべく、2016 年 4 月と 8 月、スリランカの首相が 2 度も訪中し、中国とスリランカにおけるハンバントタ総合開発に関する合意に達し、さらに 10 月にスリランカ政府は、DES（Debt Equity Swap）でハンバントタ港運営会社であるスリランカ国際港湾株式会社（以下、「HIPG」）の株式の 85%を CMHC に譲渡し、対中債務規模の圧縮を図ると同時に、PPP 方式で、港の運営を図ろうとした。

　ハンバントタ港における第 1 段階の建設資金は 5 億 1000 万ドル、そのうちの 85%の資金は中国輸出入銀行による商業貸付によるものであった。その商業貸付の償還期限は 15 年で、利率は 6.3%となる。当時、中国政府の優遇利率を使えば、もっと安い金利で資金調達もできたが、スリランカ政府はすでに他のプロジェクトに優遇資金を使ったため、ハンバントタ港プロジェクトは商業貸付を利用した。第 2 段階において、中国輸出入銀行は総投資額 9 億ドルの融資を行った。その利率は次第に中国政府の優遇貸付金利の 2%が適用されるようになった。そして、2017 年 7 月、ハンバントタ港の特許経営協定が結ばれてから、CMHC の特許経営が認められている期間中において、港湾の運営によってもたら

---

[10] スリランカハンバントタ港総合開発プロジェクトにおける事例研究は、徐（2019a）との共同研究によるものである。

しうる将来の収益を担保に、特別目的事業体としてのHIPGが金融機関から資金を調達し、さらに、その親会社であるCMHCによる内部資金調達を行うことで、事業資金を確保することとした。

2017年7月に、CMHC、SLPA、スリランカ政府、HIPG、スリランカ国際港湾サービス株式会社（以下、「HIPS」）の五者の間で正式な協定の調印が行われた。同月25日にCMHCのホームページで「スリランカハンバントタ港の特許経営に関する協定（以下、「協定」）」[11]が公表された。その協定の中身を確認すると、スリランカのハンバントタ港の開発はBOT方式を用いるとされている。中国側とスリランカ側はそれぞれ出資し、スリランカ国際港湾株式会社（以下、「HIPG」）とスリランカ国際港湾サービス株式会社（以下、「HIPS」）の二つの特別目的事業会社（SPV）を設立した。この二つの特別目的事業会社は従来、SLPAが100％の株を持っている国有企業であり、CMHCはハンバントタ港の港湾運営と海運事業に最大11.2億ドルを出資し、うち約9.74億ドルがHIPGの85％の株を買い取る。その資金は3期に分けてSLPAに支払う。そして、HIPGがHIPSの58％の株を保有する。この11.2億ドルの出資分はハンバントタ港の第一段階と第二段階のプロジェクトに関する投資価値を算定したものである。最終的に、CMHCはHIPGの85％、HIPSの49.3％の株式を保有し、SLPAはそれぞれ15％と50.7％の株を保有することとなった。さらに、11.2億ドルのうち、残された1.46億ドルは、港湾運営とこれからの海運関連業務開拓のための準備資金として、スリランカ現地の銀行に預金として預かる（図6）。

図6　スリランカハンバントタ港総合開発プロジェクト

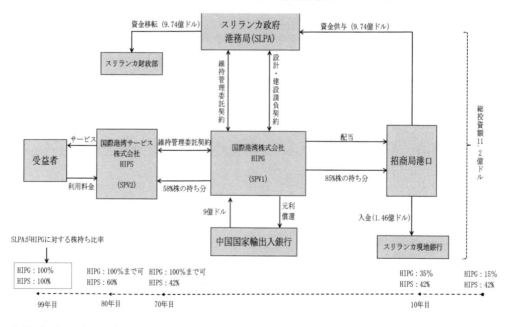

出所：徐（2019a）より加工。

---

[11] 招商局港口（2017）「須予披露交易 -簽立有關斯里蘭卡漢班托塔港的特許經營協議」
http://www.cmport.com.hk/UpFiles/bpic/2017-07/20170725061445595.pdf（最終閲覧2019.06.09）。

CMHC が公表した「ハンバントタ港に関する特許経営協定」で特許経営権の有効期間は 99 年と定められている。しかし、この 99 年はあくまでも最大期間でしかない。同協定において、スリランカ政府による買戻しに関する条例も定められている。まず、特許経営権が実行して 10 年以内に、SLPA に買戻しの意向があって、さらに双方の協議で合意ができれば、HIPG の既に発行されている 85％の株のうち最大 20％を SLPA に移譲することができる。特許経営協定が 70 年を経過した後、双方による価格認定を経て、SLPA が CMHC から全ての株を買い戻すことが可能である。さらに、80 年を経過した後、SLPA が 1 ドルの価格で HIPG の全ての株を買い戻すことができ、CMHC は HIPS の 40％の株だけを保有する。99 年の協定満了期になると、SLPA は 1 ドルの価格で、HIPG と HIPS の全ての株を買い戻すことができる。

3-2　考察

　第 1 期プロジェクトが実施された際に、中国輸出入銀行からスリランカ政府へ供与された商業ローンの金利は 6.3％と、高いように見えるが、内戦を経て、国債の発行すらできなかったスリランカ政府にとって、6.3％の商業ローンは国債の利回りと比較すれば低い金利である。第 2 期プロジェクトに入ってから、中国輸出入銀行が積極的に金利の調整を行い、2％台の優遇金利の適用で、プロジェクトにおける資金調達コストは次第に下がってきている。しかし、第 1 期と第 2 期のプロジェクトはスリランカ政府が主体となって推進されたものであり、資金の償還面と港の運営面は全てスリランカの国有企業である HIPG が主体となる。2017 年の 5 者合意を経て、中国の CMHC がハンバントタ港の特許経営権を取得することによって、ハンバントタ港における既存の債務の減額につながるだけでなく、従来スリランカ政府が負担しなければならない資金調達費用も、CMHC を中心に設立した特別目的事業体としての HIPG が金融機関から資金の調達と返済を行うようになった。さらに親会社である CMHC も積極的な資金調達援助も行うこととなっている。こうした意味で、中国企業は資金調達と運営の両面において、積極的に投資リスクを負い、ハンバントタ港の建設に当たっていることがうかがえる。ハンバントタ港が発展すれば、スリランカ政府も中国企業も大きな利益を得ることができるが、失敗してしまえば、スリランカ政府の負担は比較的小さく抑えることができる反面、中国企業が大きな損失を被ってしまう。その意味において、援助者（中国側）と被援助者（スリランカ）のインセンティブは一致するようになり、こうした PPP の構造によって援助における「プリンシパル―エージェント問題」を一定に緩和し、援助の有効性を向上することができると考えられる。

　「南南協力」は内政不干渉の原則に基づき、開発・改革の自主権（ownership）は途上国政府が保有すると主張する。ハンバントタ港開発プロジェクトでは、プロジェクトの最終決定責任はスリランカ政府にある。自国の発展状況と発展可能性を総合的に勘案してプロジェクトの規模・内容を決定できるのはスリランカ政府のほかにない。

　ハンバントタ港の整備は、2010 年内戦を終結させたラジャパクサ政権が打ち出した「全国港湾整備

計画」によるものであった。2009 年までスリランカは内戦に伴い、それによって少数派住民に対する迫害や非人道的行為を理由として、伝統ドナーによるスリランカへの援助は貧困削減と人道支援に限定し、当時最大の援助国だった日本も欧米諸国に追随して援助額を抑制したため、ラジャパクサ政権は大規模なインフラ整備のための資金を伝統ドナーから調達できなくなった（榎本，2019b）。IMF は内戦終結後の 2009 年 7 月にスリランカ復興に関する調査を行い、財政持続可能性を維持したインフラ復興を勧告したが[12]、結局ラジャパクサ政権は、大規模インフラ建設と経済特区への外国誘致による成長戦略を採用した。2010 年に「全国港湾整備計画」を打ち出し、スリランカ財務・企画省の国家計画局から 2010 年に発行された「マヒンダ　チンダナ・将来の展望」に要約されたように、港湾インフラ整備は最優先事項とされており、コロンボ港とハンバントタ港がコンテナ船を受け入れることができるよう能力アップを図ることになった。スリランカ政府は、中国の比較優位性を受け入れて、ハンバントタ港隣接地に 60.7 ㎢の巨大経済特区を設立し、外国からの投資や技術移転によって自国産業を育成し、段階的に賦存を拡大させていく未来像を描いている。実は、中国企業の経済特区への進出を促進しようとしている。中国招商局集団（CMHC）は中国国内で中国企業誘致キャンペーンを展開しており、多くの企業がハンバントタ地域の経済特区に投資の意欲を示している[13]。

　榎本（2017b）では、すでに 12 億ドルを投入して大拡張するコロンボ港はインド洋海運の中核であり、その首都コロンボ圏のバンダラナイケ国際空港も存在するにもかかわらず、周辺に産業集積がなく、海運と航空の需要を満たないハンバントタ港とその周辺にある空港の整備は「無用の長物」だと指摘している。しかし、JICA 調査レポート（2012）は異なる見解を示している。それによると、スリランカの国際コンテナターミナル整備計画では、コロンボ港の取扱能力は 7.2 百万 TEU であり、それに比べてハンバントタ港の取扱能力はコロンボ港の約 3 倍の 20 百万 TEU である。ハンバントタ港の将来需要を喚起する主要因はこの港の背後地の土地利用・開発やスリランカを中心とした運輸産業の振興である。確かに、短期的にみると、今のところハンバントタ港の使用率が低く需要を満たさないが、Lin and Wang（2016）が言及したように、途上国が「離陸」期を経て、高度成長期に突入すると、労働力と土地のコスト上昇が速く、例えば高速道路の整備では、十年後で整備するよりも現在に整備したほうがコストを安く抑えることができる。良好な交通インフラの整備による生産活動を向上する効果と、居住環境を改善するといった二つの効果に伴い（斉藤，2008）、土地価格が上昇するため、高度成長期へ転換する直前の土地コストが低いうちに整備すべきであり、その後に土地を徴収し整備すれば、より多くのコストがかかってしまうことになる。そのため、Lin and Wang（2016）は「超前（Ahead of time）」投資の必要性を主張している。榎本（2017b）の短期的な見方では、ハンバントタ港の「無用の長物」化は一時的なものであり、長期的な視点からみると、「スリランカに入ってくる貨物のうち約 25％は自

---

[12] スリランカ派遣調査団長を務めたビライアン・アトキン（Brian Aitken)に対するインタビューで、スリランカに対する IMF の認識を言及した（https://www.imf.org/en/News/Articles/2015/09/28/04/53/soint073009a 最終閲覧 2019.6.7)。

[13] China Daily（中国日報網）「Sri Lanka, Chinese company to go ahead with southern port deal」2017.1.6 付 http://www.chinadaily.com.cn/business/2017-01/06/content_27880752.htm（最終閲覧 2019.6.27)。

国用であり、残りの約75%はスリランカを経由して、第三国に移動するもので、ハンバントタ港はアジアと欧州、アフリカをつなぐ海路の近くにあり、もっとも重要なハブ港となりうる。10年後、同港の規模は現在のコロンボ港を超える可能性を秘めている」という見解もある（コロンボ大学経済学部のSirimal Abeyratne教授（スリランカ中央銀行マネタリー委員会委員長）へのヒアリング（徐, 2019c））。インフラ投資の投資効果にはタイムラグが存在しており、スリランカ政府は将来のため、「超前（Ahead of time)」的投資を行ったといえよう。

おわりに

　本稿では、まず、伝統ドナーによる援助の限界を再検討し、次に中国が「一帯一路」構想の提起を通して、投資・貿易・援助の三位一体型の対外経済協力体制をとり、PPPを中心に発展途上国に対するインフラ支援を行なっている点に着目した。本稿で得られた知見は以下のようにまとめられる。

　まず、後発国が近代社会に「離陸」する際に、インフラの整備は先決条件であり、自国では経済開発の桎梏（ボトルネック）を克服できない場合には、外国からの開発援助が重要な役割を果たす。70年代以降の伝統ドナーは、どちらかといえば、社会セクターや農業に対する援助を優先しており、伝統ドナーによる援助の限界が問われている。

　次に、「プリンシパル＝エージェント」問題の解決策としてドナー国とポスト国間のインセンティブの接合が重要であり、それを実現するために、共同参加の方針のもとで、「運命共同体」を構築する必要がある。それを具現化したのがPPPである。

　最後に、中国が提起した「一帯一路」構想は、「南南協力」の一環である。伝統ドナーの援助と異なり、途上国の開発における自主権（Ownership）を尊重するものであり、経済インフラの領域における経済協力である。ビッグバン方式ではなく、漸進方式で途上国の経済発展に必要となるインフラ協力を実施している。しかし、広義のPPPを見ると、やはり地域住民を取り込んだWin-Win-Win関係の実現が重要であり、プリンシパル＝エージェント問題の解決が課題となる。

参考文献

日本語文献

荒井悦代（2017）「バランス外交と中国回帰で揺れるスリランカ」『アジ研ワールド・トレンド』No.257。
石川耕三、参川城穂（2009）「IMF コンディショナリティの変遷と流通性ジレンマ論」『山口経済学雑誌』第58巻 第3号 pp.367-412。
宇沢弘文（2000）『社会的共通資本』岩波新書。
植田大祐（2009）「開発援助の経済効果をめぐる諸論点」レファレンス.（696）国立国会図書館出版 pp.99-115。
榎本俊一（2017a）「中国の四位一体型対外援助と対外経済協力〜一帯一路構想は中国型援助の延長にあるのか〜」『中国の一帯一路構想は「相互繁栄」をもたらす新世界秩序か？』
RIETI Policy Discussion Paper Series 17-P-021 pp.20-37。
https://www.rieti.go.jp/jp/publications/pdp/17p021.pdf

榎本俊一 (2017b)「中国の国有企業の対外援助と被援助国の統治能力～一帯一路は中国型成長に代わり各国最適成長を支援できるか～」『中国の一帯一路構想は「相互繁栄」をもたらす新世界秩序か？』RIETI Policy Discussion Paper Series 17-P-021 pp.38-100。
https://www.rieti.go.jp/jp/publications/pdp/17p021.pdf

奥田宏司 (1989)「IMF コンディショナリティと途上国経済調整」『途上国債務危機と IMF，世界銀行—80 年代のブレトンウッズ機関とドル体制—』第 2 章　同文舘出版 pp.45-92。

大橋英夫 (2012)「中国の非援助型対外経済協力—「対外経済合作」を中心に」『中国の対外援助』第三章　日本国際問題研究所 pp.63-79。

大野泉 (2012)「中国の対外援助と国際援助社会—伝統ドナーとアフリカの視点から」『中国の対外援助』第一章　日本国際問題研究所 pp.1-19。

大水善寛 (2017)「開発経済学における社会資本の概念について—A.O.ハーシュマンと宮本健一の理論を中心に—」城西大学大学院研究年報 (30) pp.1-16。

経済産業省 (2015)「海外開発計画調査等事業（進出拠点整備・海外インフラ市場獲得事業（各国援助期間の ODA 借款制度と PPP 事業形成に係る基礎調査））報告書」平成 27 年 2 月。

小林誉明 (2012)「中国援助に関する「通説」の再検討—伝統ドナーからの乖離と途上国への開発効果」『中国の対外援助』第二章　日本問題研究所 pp.21-33。

サックス、ジェフリー著，鈴木主税・野中邦子訳 (2006)『貧困の終焉』早川書房。

斉藤淳 (2008)「地域経済開発におけるインフラの役割—日本の戦後経済成長の経験—」『開発金融研究所報』pp.64-114。

下村恭民 (2009)「途上国支援アプローチの変化—初期の潮流（1980 年代末まで）」第 3 章『国際協力—その新しい潮流』有斐閣。

徐一睿 (2017)「中国の都市化進展と社会資本整備財源—公私連携（PPP）の可能性」専修大学社会科学年報第 51 号 pp.89-103。

徐一睿 (2018)「地域公共財からみるインフラ投資への日中協力の構築」『一帯一路からユーラシア新世紀への道』第 9 章　日本評論社 pp.70-76。

徐一睿 (2019a)「地域公共財としてのインフラ投資と日中協力」『一帯一路の現状分析と戦略展望』第 8 章　中国総合研究・さくらサイエンスセンター（CRSC）pp.93-104。

徐一睿 (2019b)「地域経済と財政～老朽化が進むインフラにどう立ち向かうか～」『日本の地域経済の現状と歴史』専修大学出版社（近刊）。

徐一睿 (2019c)「ユーラシア地域輸送インフラと日中協力」『日中経協ジャーナル』令和元年 7 月号 pp.18-21。

髙橋基樹、福井清一 (2008)『経済開発論　研究と実践のフロンティア』勁草書房 pp.94-95

トム・ミラー著，山口未和訳 (2018)「カリフォルニア・ドリーミング—中国はいかにしてミャンマーを失ったか」第 4 章『中国の「一帯一路」構想の真相：陸と海の新シルクロード経済圏』原書房 pp.139-176。

ハーシュマン、アルバート・O 著，麻田四郎訳 (1961)『経済発展の戦略』巌松堂出版

広瀬健 (2017)「スリランカ経済と資本市場」『アジアのフロンティア諸国と経済・金融』第 7 章　日本証券経済研究所編 pp.78-97。

宮本憲一 (2001)『社会資本論』有斐閣。

山田浩司 (2005)「PPP 導入検討の必要性」『途上国の開発事業における民間パートナーシップ（Public-Private Partnership）導入支援に関する基礎研究』JICA　第 1 章 pp.1-19。

吉野直行、中東雅樹 (2000)「社会資本の経済効果」『開発金融研究所報』増刊号 pp.4-20

ロストウ、ウォルト・ホイットマン著，木村健康・久保まち子・村上泰亮訳 (1961)『経済成長の諸段階—一つの非共産主義宣言』ダイヤモンド社。

欧文文献

Akramov, K.T (2012) *Foreign Aid Allocation, Governance, and Economic Growth.* Washington, DC : International Food Policy Research Institute.

Arndt, C., S.Jones, and F.Tarp (2010) "Aid, Growth and Development : Have we come full circle？"UNU-WIDER Working Paper 2010/96, United Nations University, World Institute for Development Economics Research, Helsinki.

Burnside, C., and D.Dollar (2000) "Aid, Policies, and Growth", *American Economic Review*, 90 (4), pp.847-68.

Chatterjee, S (2005) "Poverty Reduction Strategies-lessons from the Asian and Pacific Region on Inclusive Development,"*Asian Development Review*, 22 (1), pp.12-44

Chenery, H.B. and Strout, A.M. (1966) Foreign Assistance and Economic Development. *American Economic Review*, 56, pp.679-733.

Deaton, A (2013) *The Great Escape : Health, Wealth, and the Origins of Inequality.* Princeton, NJ : Princeton University Press.

Easterly, W., R. Levine, and D.Roodman (2003) "New Data, New Doubts : A Comment on Burnside and Dollar's Aid, Policies and Growth (2000) ."Working Paper 9846, National Bureau for Economic Research, Cambridge, MA.

Easterly, W (2006) *The White Man's Burden : Why the West's Effort to Aid the Rest Have Done So Much Ill and So Little Good.* New York : Penguin Group. （邦訳：イースタリー、ウィリアム著、小浜裕久・織井啓介・冨田陽子訳 (2009)『傲慢な援助』東洋経済新報社）

Galiani, S., S. Knack, L.C.Xu, and B.Zou. (2015) "The Effect of Aid on Growth : Evidence from a Quasi-Experiment."

IDA (2007) *Aid Architecture: An overview of the main trends in official development assistance flows.* p.11, Chart 7.

Lin and Wang (2016) *Going Beyond Aid: Development Cooperation for Structural Transformation,* Cambridge University Press. （中国語訳：林毅夫、王燕 (2016)『超越发展援助：在一个多极世界中重构发展合作新理念』北京大学出版社）

Martens, B., U.Mummert, P.Murrell, and P.Seabright (2002) *The Institutional Economics of Foreign Aid.*Cambridge, UK and New York : Cambridge University Press.

Mold, A (2009) *Policy Ownership and Aid Conditionality in the Light of the Financial Crisis: A Critical Review,* Paris: OECD Development Centre.

Moyo, D (2009) *Dead Aid: Why Aid Is Not Working and How There Is a Better Way for Africa.* New York: Farrar, Straus and Giroux.

Nielson, D. L., R.M.Powers, and M.J.Tierney (2009) "Broad Trends in Foreign Aid : Insights from PLAID 1.6."Working Paper, AidData, Williamsburg, VA. http : //s3.amazonaws.com/zanran＿ storage/irtheoryandpractice.wm.edu/ContentPages/2473385687.pdf

Sachs, J (2009) "Aid Ironies."*Huffington Post*, May 24. http : //www.huffingtonpost.com/jeffrey-sachs/aid-ironies＿b＿207181.html

Sahoo et al. (2010) "Infrastructure Development and Economic Growth in China,"IDE Discussion Paper, Institute of Developing Economies, No.261.

Saldi, M.D and C.Wolf (2011) "Recalibrating Development Co-operation: How Can African Countries Benefit From Emerging Partners?" OECD Development Centre Working Paper, No. 302, Paris: OECD.

Straub et al. (2008) "Infrastructure and Development: A Critical Appraisal of the Macro Level Literature,"Policy Research Working Paper, World Bank, No.4590

Svensson, J (2003) "Why Conditional Aid Does Not Work and What Can Be Done about It？"*Journal of Development Economics* 70 : pp.381—402.

The European Commission (2003) Guidance for successful PPP[R].2003

The National Council For PPP (2002) USA. For the good of the people: using PPP to meet America's essential needs[R]. 2002

Van der Hoeven, R (2012) "Development Aid and Employment." Working Paper 2012/17, United Nations University, World Institute for Development Economics Research, Helsinki.

参考 WEB
"走出去"公共服务平台「中国対外承包工程発展報告 2017-2018」。
　　http://fec.mofcom.gov.cn/article/tzhzcj/tzhz/ （最終閲覧 2019.07.13）
JETRO（2018）「国・地域別情報基礎的経済指標スリランカ」。
　　https://www.jetro.go.jp/world/asia/lk/stat.html （最終閲覧 2018.06.02）

（専修大学経済学研究科修士課程）

中国研究論叢　第19号　（2019.11）

論　説

温嶠の通婚関係に見られる晋時「元妻─継妻」の地位

徐　　慧[1]

初稿受付　2019 年 4 月 19 日
査読通過　2019 年 10 月 16 日

はじめに

　概ね従来の研究において、両晋の貴族間の婚姻は、「士庶不婚」と称える身分的内婚制であるとされてきた。貴族層はこの小集団の内部における婚姻関係で相互に結びつくことにより、自らの地位を維持し、さらに貴族社会の基盤を維持したという見方も多い。本稿は、この晋時における婚姻関係について残された若干の諸問題について、検討することを目的としている。「この時代のすべての歴史的現象の特殊な性格を集中的に表現する[2]」（中村圭爾氏）貴族社会での婚姻関係・婚姻制度を、仁井田陞氏が「身分的内婚制」という表現によって特徴づけていることは周知の通りであり、中村氏もこれを受けて貴族政治における身分的内婚制の役割について、「六朝貴族が現実的には官僚身分の世襲と婚姻関係による門閥を構成していることは異論のないところである」と述べている。更に、中村氏は「劉岱墓誌銘」についての検討を通じて、南朝において、婚姻関係の双方は、政治的、社会的地位が近い階層に限っていると結論している。一方、矢野主税氏は両晋から南朝になると、皇帝の通婚相手は、一流貴族から開国武人と寒門の家へと変化していく傾向があると論じている。しかしそこでは従来、多くは「士庶不婚」に焦点が当てられてきており、貴族階層内部においての婚姻の相手同士の家格に関してはなお論ずべき点がある。これに関し、毛漢光氏は『兩晋南北朝士族政治之研究』で「諸姓婚嫁図」を示すなどして、貴族層の通婚状況を分析し[3]、また王伊同氏は兩晋南朝の「高門」に対する、婚姻、仕宦、学術、経済など様々な方面から総合的な検討に基づいて「高門世系表」を作成しており[4]、そこでは常に同ランクの間で行われるという認識が共有されてきた。一方で、家族史研究は近年盛んに行われるようになっており、琅琊王氏、陳郡謝氏、清河崔氏など世家大族に関する研究が活発に進められているが、概括的に言うならそこでは世家大族の通婚状況が注目を集めており、中下層の士族間の通婚関係については必ずしも十分には検討が進んでいない。それは事例数が限られているという面もあるにせよ、婚姻関係の貴族社会における機能が注視されるあまり、婚姻関係や婚姻制度自体についての検討が不十分であった点は否めない。

---

[1] 本研究の一部は、青山学院大学アーリーイーグル研究支援制度の支援によって行われた。
[2] 中村圭爾「六朝貴族制論」（谷川道雄編『戦後日本の中国史論争』河合文化研究所、1993 年）76 頁。
[3] 毛漢光『兩晋南北朝士族政治之研究』（台湾商務印書館、1966）、231〜232 頁。
[4] 王伊同『五朝門第』（中華書局、2007、1943 初出）付図。

中国研究論叢　第19号　（2019.11）

　一例を挙げると、伝統中国の家父長制度において、「一夫一妻（婦）多妾制」では妻妾の名分が厳格に区別され、一つの婚姻関係を有する家庭内において妻妾の地位・名分が入れ替わることはなく、妾が正妻の死後（もしくは離婚後）継妻として格上げされることもできないという点については多く論じられた通りである。だが、同じ正妻である「元妻」と「継妻」の地位・関係となると議論はあまりに少ない。その理由として「継妻」とは、元妻と死別あるいは生別したのちに連れ添った妻に限るものであり、元妻と継妻とは同じ時間的範疇に属する者ではないので、両者の比較が非常に難しいという点があろう。ただし、これは一般的な状況における認識であり、現実にはこれに反する特殊な状況も存在している。それが「二妻並立」である。具体的には戦乱の中で亡くなったと思われた妻が現れ、継妻と並立するといった事態を指して言うが、この場合、元妻と継妻は同じ時間的範疇に属することになる。それに関して、神矢法子氏は、「これまでとりあげた後漢─魏初のいくつかの二妻並立の家の事例について見る限り、あからさまに嫡庶の別を立てるか否かは別として、前娶の妻の地位が優先されている」と指摘している。

　しかし、この結論を「元妻」と「継妻」の位置づけにも敷衍すべきかといえば、こうした理解に反するように見える事例も存在している。それが東晋の開国重臣の一人と言われる温嶠と夫人三人の通婚関係である。温嶠は『晋書』に伝が立てられ（巻67、以下「温嶠伝」）、「多妻並立」が多く論じられる中で、『晋書』巻20「礼志」中（以下、「礼志」）にも登場する。加えて、後述のように『世説新語』にも彼の婚姻状況に関する逸話がいくつか残っている。さらに、温嶠の墓誌銘も出土し、そこには温嶠本人の生前の肩書きと温嶠の高祖から子息まで家系と通婚関係の記載がある。ことにこの温嶠の墓誌銘の検討によって、文献史料のみからは不明であったいくつかの点が明らかになる。

　一方、前述したように温嶠の通婚関係と神矢氏の説と矛盾している点以外に、近年紹介された「温嶠墓誌銘」（以下、「温嶠墓誌銘」）・「礼志」・「温嶠伝」の間にも解き明かすべき点が何点かあり、再検討の必要がある。そこで本稿は温嶠と夫人三人の婚姻関係を検討し、そのいくつかの問題点を解明しつつ、当該時代の「元妻─継妻」の位置づけを改めて明らかにしたい。

第一章　「温嶠墓誌銘」をめぐって

　前述したように、本稿が温嶠の墓誌銘に焦点を絞った理由は、「温嶠墓誌銘」・「礼志」・「温嶠伝」の間に解き明かすべき矛盾点が何点かあるからである。そのため、ここでは「温嶠墓誌銘」と『晋書』等の史料を取り扱い研究を整理して見よう。関連する著作として、南京市博物館の「南京北郊東晋温嶠墓」（『文物』2002-7、以下「南京北郊東晋温嶠墓」）、及び『六朝風采』（文物出版社、228〜229頁）、王志高の「試論温嶠」（『東南文化』2002-9）、楊映琳の「南京出土的東晋温嶠墓評析」（『広西社会科学』2003-5）、羅新・葉煒の『新出魏晋南北朝墓誌疏證』（中華書局、2005、11〜12頁、以下『疏證』）、林宗閲「漢魏南北朝墓誌釋註（二）温嶠墓誌」（『台大中国中古近世史研究通訊』2009-4）を指摘できるものの、決して多くはない。だがこれらの研究によって、温嶠墓の情報の概略は把握できるため、これについては割愛し、その内容について以下検討してゆきたい。

（一）墓誌から読み取れるもの

「温嶠墓誌銘」についての報告は、前掲「南京北郊東晋温嶠墓」でなされている。それによると、この墓誌銘は、2001年に江蘇省南京市下関区郭家山から出土したもので、その大きさは幅45センチ、高さ44センチ、厚さ6センチ、ほぼ正方形のものであり、文字総数は104字、10行、満行13字である。使用した石は、当時流行った青石質のものではなく、暗赤色のものである。なお、温嶠の生歿年については、墓誌銘に一切記載がない。

この墓誌銘について、つぎにその全文を見てみよう。

祖濟南太守恭字仲讓　夫人太原
郭氏
父河東太守憺字少卿　夫人潁川
陳氏　夫人清河崔氏
使持節侍中大將軍　始安忠武公
並州太原祁縣都鄉仁義裏溫嶠
字泰真年卌二　夫人高平李氏　夫人
琅邪王氏　夫人蘆江何氏　息放
之字弘祖　息式之字穆祖　息女瞻
息女光

（図1）「温嶠墓誌銘」拓本

この墓誌銘文を一瞥してわかるのは、温嶠本人の生前の肩書きと温嶠の高祖から子息までの家系と通婚関係である。更に、対応する伝世文献史料として墓誌銘以外にも、「礼志」に記載が残されている。具体的な温嶠の通婚関係についての記事がある。

　　驃騎將軍温嶠の前妻李氏、嶠微時に在りて、便ち卒す。又王氏、何氏を娶り、並に嶠の前に在りて、死す。嶠薨ずるに及び、朝廷以て陳舒に問う、三人並に夫人に爲るを得るや不や、と。舒云う『禮記』、其の妻、大夫爲りて卒し、而る後に其の夫、大夫と爲らずして其の妻に祔すれば、則ち姓を易えず。妻卒して後に、夫大夫と爲りて其の妻に祔すれば、則ち大夫の姓を以てす」と。然らば則ち夫朝に榮え、妻室に貴く、夫より先に没すると雖も、榮辱は常に夫に隨うなり。『禮記』に「妻は祖姑に祔す、祖姑三人有れば、則ち其の親しい者に祔す」と曰う。禮が如きは、則ち三人皆夫人爲り。秦漢自り已來、一娶九女の制廢れ、近世復た繼室の禮無し。先妻卒さば則ち更に娶る。苟も生に禮を加う、則ち亡に應に貶すべからず。庾蔚之云わく「賤時の妻並びに夫人爲るを得ず、若し追贈の命有らば、則ち論ぜざるのみ」と。「嶠傳」、王何二人に夫人の印綬を贈る、李氏には及ばず[5]。

---

[5] 原文は「礼志」(房玄齡等『晋書』中華書局、1974、以下同)「驃騎將軍温嶠前妻李氏、在嶠微時便卒。又娶王氏、何氏、並在嶠前死。及嶠薨、朝廷以問陳舒「三人並得爲夫人不」。舒云「『禮記』「其妻爲大夫而卒、而後其夫不爲大夫、而祔於其妻、則不易姓。妻卒、而後夫爲大夫、而祔於其妻、則以大夫姓」然則夫榮於朝、妻貴於室、雖先夫沒、榮辱常隨於夫也。禮記曰『妻祔於祖姑、祖姑有三人、則祔其親者』。如禮、則三人皆爲夫人也。自秦漢已來、廢一娶

中国研究論叢　第19号　（2019.11）

とあるのを、補うものである。そしてこの最後の「嶠傳」（「温嶠伝」）にも、

> 其の後、嶠の後妻何氏卒す、子の放之便ち載喪し都に還る。詔し建平陵の北に葬り、並に嶠前妻王氏及び何氏に始安夫人印綬を贈る[6]。

と短く温嶠の通婚状況を記載する。以上が主たる関連史料となる。

　前述の史料を見てまず明らかなのは、朝廷が温嶠の夫人王氏と夫人何氏のみに「始安夫人印綬」を贈っているという事実である。その原因について従来の研究では、「礼志」の「賤時の妻並びに夫人爲るを得ず、若し追贈の命有らば、則ち論ぜざるのみ[7]」という記述から、後妻の「琅邪王氏」、「廬江何氏」は名門であり、一方の李氏は温嶠の「身分の低い時の妻」であるため、王氏、何氏のみ夫人の身分を認められたとする結論が導き出されることが多かったようだ。代表的な見方として、羅新氏らの『疏證』では、「李氏は温嶠が南渡する前に娶った妻であり、早死した。後に温嶠が貴顕となり、「高門」の「琅邪王氏」、「廬江何氏」と通婚したため、朝廷は王氏、何氏のみに夫人印綬を贈った。その原因は王氏、何氏の実家が江南政局に強い影響力を与えている」からだと述べている[8]。また、「南京北郊東晋温嶠墓」も、李氏が早く死んで、夫人の名号を追尊されなかったため、「温嶠伝」には李氏の記事が残されていないのだと理解している。一般的にもこのような理解は共有されていたようであり、例えば漢語大辞典出版社の『二十四史全訳』の『晋書』には、この一節に対して「卑賎な時の妻は一緒に夫人とすることが出来ないが、もし追贈の命があるのなら、別の話になる」との現代語が付されている[9]。しかし、諸史料を仔細に見るならば、追贈の背景を李氏と王氏・何氏の身分差にのみ帰着させるこれらの理解には、なお検討する余地がある。

（二）諸夫人の追贈に関する問題点

　まず、「礼志」の中にも矛盾点がある。その記述は基本的には温嶠の婚姻関係、陳舒の議論、庾蔚之の議論と「温嶠伝」に見える実際の追贈に関する記載の四つの部分から成っているが、この四つの部分全てに整合性を見出すのは簡単ではない。注意すべきことは、庾蔚之その人は南朝劉宋で活躍した礼学者であり、温嶠とは同じ時代の人物ではないため、彼の議論はあくまでも後世の観点であり、追贈自体には何の影響も与えていないことである。そして当時、陳舒は朝廷において、李氏は「亡すも應に貶すべからず」と、明らかに「李氏も夫人にすべきだ」と主張している。しかし、『晋書』の「礼志」の最後では、王氏、何氏に対する追贈が簡単に述べられるに止まっている。そうなると、陳舒の議論が記される余地がなくなってくるのである。つまり、「礼志」にこのような陳舒の議論が記載された意味自体を問う必要がでてくる。

九女之制、近世無復繼室之禮。先妻卒則更娶。苟生加禮、則亡不應貶」。庾蔚之云「賤時之妻不得並爲夫人、若有追贈之命則不論耳」。嶠傳、贈王、何二人夫人印綬。不及李氏」。

[6]「温嶠伝」「其後嶠後妻何氏卒、子放之便載喪還都。詔葬建平陵北、並贈嶠前妻王氏及何氏始安夫人印綬」。

[7]「礼志」「賤時之妻不得並爲夫人、若有追贈之命則不論耳」。

[8] 前掲羅新等書。

[9]『晋書』（『二十四史全訳』漢語大辞典出版社、2004）489頁。

つぎに「温嶠墓誌銘」には、李氏・王氏・何氏の三人が並んで夫人として記されており、これは王氏・何氏のみに追贈されたとする「礼志」の記述と矛盾する。言い換えれば、「始安夫人印綬」が王氏、何氏の夫人身分を認定するものとすれば、これが追贈されなかった李氏は温嶠の同列の夫人として認められないことになる。にもかかわらず、なぜ「墓誌銘」では夫人が三人とも並列して記載されているのか。

更に、そもそも「礼志」編纂の第一義的な目的は、前代に疑義のあった礼の用いられ方を挙げ、それに正しい解釈を示すことにある。そして言うまでもなく、この正しい解釈の前提には一定の基準の存在が想定される。一方、この「礼志」の中には何例もの「多妻並列」の事例が取り上げられており、そこではみな前妻の地位が守られている。神矢氏もこれらの事例を検討しつつ、晋代以前の時代における「二妻並立」の例（趙姫と叔槐、黄昌の二人妻）に対する処遇のあり方について、晋時代の礼議に見える解釈には二通りあると論じている。すなわち「一つは、二妻並立という違礼的事態を避けるために、あくまで嫡庶は分別されている」、と見るものである。この場合、趙姫、黄昌の後娶の妻は妾身分であったことであるが、これは少数意見のようである。今一つは、事実上双方に妻の地位が認められていたことになる、ただしその間に序列が存在する、というものである。さらに、神矢氏は二妻並立について、「これまでとりあげた後漢—魏初のいくつかの二妻並立の家の事例について見る限り、あからさまに嫡庶の別を立てるか否かは別として、前娶の妻の地位が優先されている」と指摘する。つまり、ここからもこの温嶠の例は前妻の地位を後妻の下位に置くという点で、極めて異例な存在と見ることができる。これが「温嶠墓誌銘」を再検討する上で最も難解な点である。

そこで改めて注目されるのは、庾蔚之の言葉である。従来から知られている「賤時の妻は並びに夫人たるを得ず」という主張は、一見して陳舒とは対照的に李氏へ追贈に反対しているように見える。だが続く「若し追贈の命有らば則ち論ぜざるのみ」は、前言の一般論に対してあくまで個別の追贈の命を優先させることを言い、そして結局実際に追贈されたのは王氏、何氏であった。

第二章　魏晋南北朝における貴族社会と婚姻関係の構築

前章で見てきたように、三人の妻の追贈をめぐる混乱を整理するには、各人の社会的身分を改めて検討しなくてはならない。具体的には後妻の「琅邪王氏」と「廬江何氏」、また前妻の「高平李氏」の相対的な社会的身分の高下が問題なのである。そこで本章では以下、温嶠自身と夫人三人の社会的身分について具体的に再検討してみたい。

「はじめに」で述べたように、まず、晋時代の貴族層の通婚一般については、それが常に同ランクの間で行われるという共通認識があった。また言うまでもなく仁井田陞が提起した「身分的内婚制」[10]はこれを端的に表現した概念であって、それを受けて中村氏は貴族政治における身分的内婚制の役割について、「六朝貴族が現実的には官僚身分の世襲と婚姻関係による門閥を構成していることは異論のない

---

[10] 仁井田陞「六朝及び唐初の身分的内婚制」（『歴史学研究』9-8、1939）。

ところである[11]」と述べている。更に具体的に、中村氏は「劉岱墓誌銘」についての検討を通じて、南朝において婚姻関係を結ぶ場合、それは政治的、社会的地位が近い階層に限られていると議論する[12]。一方、前述のように矢野氏もまた両晋から南朝になると、皇帝の通婚相手が開国武人や寒門の家へと変化していく傾向があるものの、基本的には同じであるとする[13]。筆者も門閥貴族の勢力が盛り上がった両晋において、婚姻関係を結ぶ時には「門地厳守」であったことは、すでに諸先学の繰り返し論じているところであり、これらの議論に異を唱えるものではないし、温嶠のケースも結論的には士庶の区別が侵されるものではないが、しかし仔細に出身を追ってゆくならば、諸妻の間にやはり多少の身分差は看取せられるのであって、そのことがこの追贈議論に影響を及ぼしている可能性があるのである。そこで次章では「温嶠墓誌銘」を改めて再検討しつつ、温嶠の身分的経歴、夫人たちの身分的背景、これにまつわる史料上の解釈を再確認し、後代に確立する命婦制との比較で重要となる晋時の女性秩序を再解釈してゆきたい。

（一）温嶠の身分的背景について

　まず、温嶠自身については、伝に「温嶠、字太真、司徒羨弟の子なり。父憺、河東の太守[14]」とある。これにさらに前出の墓誌銘の内容を加味しつつ、図によって関係を示したのが次頁の〈図1〉である。

　温嶠の祖については、諸史料を総合すれば上は高祖父の温恕までさかのぼることができ、末は温嶠の子の代で止まっており、合わせて六世代を知ることができる。そしてこれらを『宋書』巻40「百官」下に記載されている官品にあたって参照すると、一品にまで上ったのは温嶠と伯父の温羨のみである。

　更に、越智重明氏の「族門制」論では、魏晋時代において、甲族を最上位とし、以下次門、後門、三五門と続く家格の「制度的」ヒエラルキーの存在が提唱されており、原則として、甲族は郷品一、二品をえて、五、六品官で起家、次門は郷品三、四、五品をえて、七、八、九品官で起家、後門は郷品六、七、八、九品をえて、流外一、二、三、四等の官で起家すると想定されている 。この「族門制」として論じるように、その家格は、起家した時の官品を手がかりに知ることができる。

　温嶠の場合、「年十七、州郡の辟召皆な就かず。司隷命じて都官従事と為す」[15]との記載があって、すなわち温嶠の起家官は「都官従事」であることが明らかである。『晋書』の「職官志」によれば、この「都官従事」は司隷校尉の補佐官であることが知られる[16]。史料中に、司隷校尉の属官の官品の記載は容易には見いだせないが、『後漢書』「百官」一に、三公の一人の太尉について、その属史に関する記載があり、そこには（太尉）「…掾史の属は二十四人。本注に曰く、漢書注、東西曹掾は四百石に比し、餘掾は

---

[11] 中村圭爾「六朝貴族制に関する若干の問題」（『六朝貴族制研究』風間書房、1987）。

[12] 中村圭爾「『劉岱墓志銘』考—南朝における婚姻と社会階層—」（前掲書を参照）。

[13] 矢野主税「南朝における婚姻関係」（『長崎大学教育学部社会科学論叢』22、1973）。

[14] 「温嶠伝」「温嶠、字太真、司徒羨弟之子也。父憺、河東太守。…平北大將軍劉琨妻、嶠之従母也」。

[15] 「温嶠伝」「年十七、州郡辟召、皆不就。司隷命爲都官従事」。

[16] 『晋書』巻24「職官志」「司隷校尉、案漢武初置十三州、刺史各一人、又置司隷校尉察三輔、三河、弘農七郡、歴東漢及魏晋、其官不替、屬官有功曹、都官従事、諸曹従事、部郡従事、主簿、録事、門下書佐、省事、記室書佐、諸曹書佐、守従事、武猛従事等員」。

三百石、屬二百石に比す、故に公府掾、古の元士三命に比するなりと[17]」と見える。三品の司隷校尉の属官は一品の大尉の属官より、官品が高いわけではないので、都官従事の俸給は四百石以下であろう。四百石と同じ俸給をもらう県丞は八品官なので、温嶠の起家官は八品官以下相当と考えるべきである。また、何度かの昇進を経て七品の県令になっていることからも、温嶠の起家官が八品以下であることがわかる。つまり、彼の家格は最上位の甲族ではなく、次門であると考えられ、温氏一族が一流の名門ではないことは『世説新語』品藻篇第9に

　　世、温太真を論ずらく、是れ過江の第二流の高き者なり、と。時の名輩、共に人物を説き、第一の將に盡きんとするの間、温常に色を失う。[18]

という記載があることとも合致する。

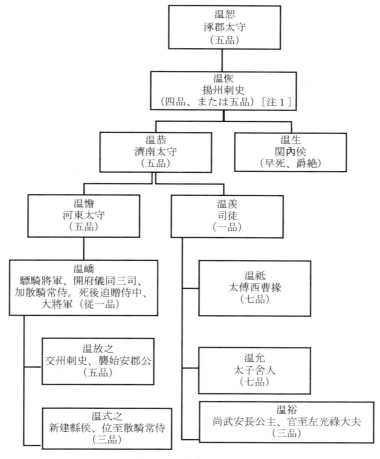

〈図1〉温嶠家系図

［注1］:『宋書』巻40「百官」下、「刺史領兵者四品…刺史領兵者五品」

---

[17] 『後漢書』「百官一」(范曄『後漢書』、中華書局、1965、以下同)。「(大尉…) 掾史屬二十四人。本注曰、漢書注、東西曹掾比四百石、餘掾比三百石、屬比二百石、故曰公府掾、比古元士三命者也」。
[18] 『世説新語』品藻篇第9 (劉義慶『世説新語校箋』中華書局、1984、以下同)。「世論温太真是過江第二流之高者。時名輩共説人物,第一將盡之間、温常失色」。

中国研究論叢　第19号　（2019.11）

（二）温嶠の夫人たちの家格

　次に妻たちの家格を確認してゆきたいが、門閥貴族の勢力が盛り上がった魏晋南北朝時代において、婚姻関係を結ぶ時には「門地厳守」であったことは、すでに諸先学の繰り返し論じているところである。このことから、未婚女性の社会的身分の全ては生家の系統によって決められていたものと考えられる。温嶠の夫人三人の出身は、「墓誌銘」と『晋書』の「礼志」「温嶠伝」のいずれにも明記されていないが、『世説新語』假譎篇 27 にはつぎの記事が残されている。

　　按ずるに、『温氏譜』に「嶠初めに高平の李暅の女を娶り、中に琅邪の王詡の女を娶り、後に廬江の何邃の女を娶り…[19]」と。

ここに述べられた温嶠の夫人たちの家系は以下の通りである。

①　夫人王氏

　温嶠の二番目の夫人王氏（以下、王氏と略称）の父は琅邪王詡であるが、正史には王詡の伝がないものの『世説新語』容止篇 14 には「王詡、字は季胤、琅邪の人。『王氏譜』に「詡、夷甫の弟なり、仕は修武令に至る」と曰う[20]」と記載されている。正史に見える琅邪王氏の人物の列伝と『世説新語』の『琅邪臨沂王氏譜』[21]から、王氏の家系を描き出せば、次頁の〈図2〉のようになる。

　『宋書』巻40「百官」下に見られる対応する官品の記載を参照すると、王詡の兄弟の王衍と王澄はともに一品、二品の高官になるので、王詡の家格は間違いなく甲族である。また注目されるのは、王詡の官品が従兄弟の中で明らかに下位にあることである。東晋建国最大の功臣であり、高官を輩出した琅邪王氏の中にあって、王詡は低い地位に留まった人物であったと思われる。

　一方、従兄弟の中で一番出世した王衍の娘のうち一人は皇帝と結婚し、もう一人は政治権力を握る外戚と結婚している。さらに、温嶠の再婚相手となった王詡の娘とは異なり、王衍の娘の結婚相手はともに初婚である。このような王詡の娘と王衍の娘の間の差に注目すると、貴族女性の婚姻対象が父の政治的地位に強く影響されている可能性も十分高いと考えられる。

---

[19]『世説新語』假譎篇 27「按温氏譜。嶠初取高平李暅女、中取琅邪王詡女、後取廬江何邃女」。
[20]『世説新語』容止篇 4「王詡字季胤、琅邪人。王氏譜曰。詡、夷甫弟也。仕至修武令」。
[21]『宋本世説新語』（国家図書館出版社、2017）に収録された汪藻の「世説叙録」参照。

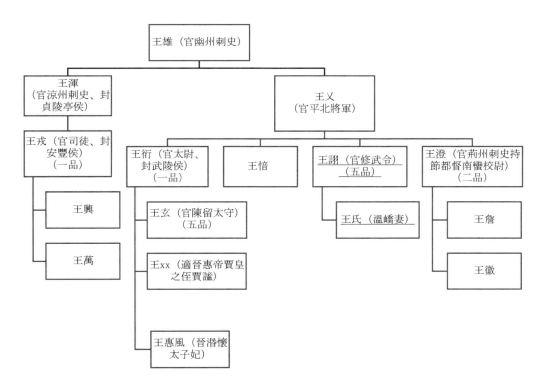

〈図２〉琅邪王氏家系図

② 夫人何氏

夫人何氏（以下、何氏と略称）の出身について、既出の『世説新語』假譎篇 27 で、何氏の父は「廬江何邃」であると書かれている。正史には何邃の伝がないが、『九家舊晋書輯本』[22]の廬江何録には「何勛有子名何邃」とあり、父が何勛であったと分かる。また、『永楽大典』巻 14680 の「中与書」には「何邃、字は彦偉。少くして美名有り。太傅東海王越、請いて主簿と爲す」という記載がある。『三国職官表』[23]によれば、太傅の下には主簿が四人おり、七品である。ならば、「族門制」によって、何邃は起家官が七品であるから、郷品三品の次門とすることができる。

つまり、何邃の時代（晋）においては、廬江何氏の家格はまだ次門であった。一方、家格は固定されたものではなく、変化していると考えれば[24]、王永平氏の「東晋南朝廬江何氏与諸皇室之婚媾及其仕宦

---

[22] 湯球『九家旧晋書輯本』（『百部叢書集成 原刻景印』芸文印書館、1964）。
[23] 洪飴孫「三国職官表」（『三国志』筑摩書房、1977）412〜415 頁。
[24] 野田俊昭「南朝における家格の変動をめぐって」（『九州大学東洋史論集』16、1988、79〜100 頁）において、当時の家格の変動について、下記の通り述べられている。「もともと次門のものが一階上の甲族の家格を得る方法（のひとつ）として、父官の蔭（任子）によるものがあげられる。宋斉時代にあっては…（「改革」以前 祖蔭にもとづく甲族としての起家ということも、これを想定できない。「改革」以降にあっては、次門出身の父が家格の変動をなしうる要件となる…それ以前に次門として起家した父の家格についても配慮がくわえられた（甲族とされた）結果にもとづくものかにわかには判断できないが、何れにしても次門のもつべき蔭の機能が強化されたことを示す」。即

中国研究論叢　第19号　（2019.11）

考述」で述べられた、廬江何氏の家格の変動過程が改めて参照されるべきであろう。当該研究によって明らかにされたのは、東晋時代初期の重臣である何充の活躍は廬江何氏が一流貴族になるきっかけになったということである。この何充とは、まさに何邃の甥である。このことも何氏の父何邃の頃はまだ何家が一流の高門になっていなかったことを示唆するものである。

③　夫人李氏

　ここで最後に検討してみたいのは、夫人李氏の身分である。彼女の父である李暅については『晋書』巻60「閻鼎伝」に「中書令李暅」との肩書きが見つけられる。つまり李暅は西晋末の永嘉5年（311年）に、閻鼎の西入の命令に背き殺されたのだが、その時の肩書きは中書令であり、三品官となる。

　なお、類似の記事が『晋書』巻5「孝愍帝紀」にも載せられているが、ここでは「中書令李暅」を「中書郎李昕」に作っており、名前だけでなく官職も「中書令」と「中書郎」と記述が異なっている。この「李暅」と「李昕」はおそらく同一人物である可能性が高い。ここで「孝愍帝紀」に基づけば、「中書郎」という官職は張華、范縝、丘遅、庾季才など、晋～南朝に見られるが、『晋書』巻24職官志の記載によれば、西晋の中書省では中書監・中書令の下に四人の中書侍郎が配置されている。つまり、「中書郎」という正式な官職は存在していないのであり、「中書侍郎」の略称と考えるべきであろう。

　その中書侍郎の官品は五品であり、西晋においても中書侍郎は清官[25]として重んじられ、「高流官序」の一つの階段であった。もし、李暅が殺された時の最後の官職が六品の中書侍郎であったのならば、彼が最上級の甲族出身であった可能性は十分高いと考えられる。一方、李暅についてその年齢を考えると、彼の生年は不明だが、娘の婿の温嶠が288年生まれで、この李暅が殺された永嘉5年に温嶠は23歳であったから、この時に李暅が若い年齢であったとは考えられない。上で述べたように「中書侍郎」は「高流官序」の一つの段階であり、基本的に高門の子弟が若くして就く官職であるから、この時に李暅が「中書侍郎」であったとは考え難く、やはり三品官の「中書令」であったと考えるのが妥当であろう。李暅については、これ以上の情報は得られないが、彼は三品官の中書令まで上がっているから、決してその出身は低くなかったものと想定される。

　以上から温嶠と夫人三人の身分に関わる情報を整理すると、次頁の〈表1〉のようになる。

ち、野田氏の検討によれば、もともと次門のものが一階上の甲族の家格を得る方法（のひとつ）として、父官の蔭（任子）によるものがあげられる。

[25]清・濁官に関して、中村氏は「九品官制の貴族的構造」（『六朝貴族制研究』風間書房、1987、274～275頁）で、梁十八班の枠組を図式化し、「官人の昇進は、それぞれの階層に応じてあたえられる上のような官簿の官位をあたかも階段を一階ずつのぼってゆくように、ひとつずつ経歴し、消化してゆくという形をとったのである」と結論づける。さらに、彼の研究により、梁十八班の成立によって、「清官は清官なりの、濁官は濁官なりの官歴が班制の出現と相応じつつ成立する。より具体的に言えば、最上級には司徒、中書・門下系、東宮官属の清官歴が、次には尚書省、集書省 系統の官歴が…というように累層的に官歴が存在するのである」とも主張している。この特定の昇進経路が西晋の永嘉年間に行われたかどうかは断言することができないが、少なくとも西晋太康の末年には「清塗」が出現していたので、恐らく、西晋においても中書侍郎は清官として重んじられ、「高流官序」の一つに数えられたと考えられる。

	温嶠	李氏		王氏	何氏
父の最高官品	五品	三品		六品	不明
家格	次門	次門（甲族の可能性もある）		甲族	次門

〈表1〉温嶠夫妻家格一覧

　温嶠、李氏と何氏はともに次門出身であるが、一方、王氏は甲族出身にもかかわらず、その父は何らかの原因で六品という低い地位に留まっている。とすると、従来の見解とは異なり、温嶠の初婚の相手である李氏の出身は温嶠とくらべても、継妻の王氏、何氏とくらべても、とりわけ低いわけではないことになる。一方、「門地厳守」という原則が確立されていたことからすれば、貴族たちが婚姻関係を結ぶ時に、自分より身分が著しく低い人と結婚する可能性はきわめて少ない。李氏は温嶠の「身分の低い時の妻」であるが、温嶠の「身分の低い時」とは、単に彼がまだ出世していない段階にあるに過ぎないと理解するべきである。李氏についても「賤時の妻＝身分が低い妻」と単純に理解することは、当時の家格・出身・身分の複雑な関係を前提としておらず、論理性を欠いた理解であると言わざるをえない。李氏の身分は決して低くないのであり、後妻の王氏と何氏も一見してこれまでイメージされてきたような非常に良い家格を持つ人であるとは言えないのである。よって、王氏、何氏のみ家格に従って夫人の身分を認められたとする結論する蓋然性は見られない。また、「賤しい身分であった時の温嶠」はあくまでも、後に重臣になった温嶠と比べ、まだ出世していなかったと理解すべきであろう。彼の家格は貴族層の「次門」、つまり、決して賤しい身分の者ではなかったのである。

第三章　社会背景としての「儒家の礼」

　前節に述べたように、李氏は温嶠や王氏や何氏とくらべて、社会的身分が著しく低かったというわけでは決してないことが判明した。そこで本節では、なぜ李氏が追贈に与らなかったのか、庾蔚之の議論を今一度検討してゆきたいが、ここで改めてその背景にあったと考えられる当時の離別に関しする思想を再確認する必要がある。

（一）「三不去」の原則
　上述の「賤時の妻は並びに夫人爲るを得ず」という庾蔚之の議論は、確かに一見すると「温嶠が賤しい身分であった時の妻である李氏は身分が低いため、王氏や何氏と同じように夫人になることは出来ない」と理解されやすいが、一方既に第一章で議論した通り、「礼志」中には何例もの「多妻並列」の事例が取り上げられており、そこではみな前妻の妻の地位が守られている。元妻と継妻の地位について検討している最も早い事例は次のものである。『左伝』に、

惠公の元妃は孟子なり。孟子卒す、室に繼ぐに聲子を以てす。隱公を生む[26]。

という記載があり、これに晋の杜預は

　　「元妃」と言うは、明らかに始適夫人なり[27]。

という注し、また唐の孔穎達の解釈によると、「元」の一文字は「始め」と「適（＝嫡）」の二つの意味を含んでいるから、元妃（妻）が始めの適（＝嫡）夫人という意味であることは明かであろう。さて春秋時代、秦、斉、魯などの諸侯国で盛行した「媵娣婚」（妹を伴って嫁ぐ婚姻形態）において、「媵」（姉に付きそって嫁ぎ先に来た妹）として惠公と結婚した声子は継室になったが、元妃の孟子と同じ地位の妻として扱われることはなかった。しかし、唐に至ると、孔穎達の見解のように、たとえ哀姜のような嫡夫人であっても始夫人ではない状況も存在しており、彭衛氏が『漢代婚姻形態』[28]で述べるように、後漢末になると「媵娣婚」の事例はほとんど見られなくなっている。第一章の初めに提示した「礼志」の陳舒の「近世復た繼室の禮無し。先妻卒さば則ち更に娶る」という言の通り、王氏、何氏は哀姜のような嫡夫人ではあったが、始夫人ではない地位にある妻として存在しており、彼女たちは温嶠の嫡夫人として認められる。一方、李氏は温嶠の元妻であり、始めの適夫人のことである。孔穎達によれば、そもそも妃（妻）とは単に配偶者のことを言っているに過ぎず、そこに尊卑の違いは設けられていない。このような考え方に基づくと、彼女達三人の地位の間には大きな差はないのである。

　　それでは、李氏が他の夫人と一緒に扱われることができなくなったもう一つの可能性として、彼女が温嶠が賤しい身分の時の妻であったことによると考えることは妥当であろうか。儒家の礼法思想によれば、賤しい身分の時の妻は地位が低い、ということは決して認められないだろう。なぜなら、離婚できない条件としてのいわゆる「三不去」が古来思想として存在したことがある。『大戴礼』には、

　　婦に三不去有り。取る所有りて帰す所無きもの、去らず。與に三年の喪更たるもの、去らず。前に
　　貧賤にして後に富貴になるもの、去らず[29]。

と記されている。

　　この「三不去」は、よく知られている「七去[30]」ともに、古代中国の男性社会において、男性（あるいは男性の家族）が妻と離縁することができるかどうかの原則として確立されている。唐に至ると、「七去三不去」は『唐律』に明確に規定されたので、これは中国の古代婚姻関係において、相当に現実的な有効性を持っていたものと思われる。後漢の何休は『春秋公羊伝』「大歸曰來歸」の条で「賤取貴不去」は「不背德」に基づくものであると理解した。さらに、何休の解釈によると、賤しい時の夫を支えた妻に対しては、夫は恩義がある。出世して、賤しい時の妻と離縁することは「德」を裏切り、恩義を忘れる行為、非礼行為である[31]。唐になると、「七去三不去」は法律に加えられ、法的な効力をもつことにな

---

[26] 『春秋左氏伝』隱公元年「惠公元妃孟子。孟子卒、繼室以聲子、生隱公」。
[27] 『春秋左伝正義』杜注「言「元妃」、明始適夫人也」。
[28] 彭衛『漢代婚姻形態』（中国人民大学出版社、2010）7頁。
[29] 『大戴礼』本命篇「婦有三不去「有所娶無所歸、不去。與更三年喪、不去。前貧賤後富貴、不去」。
[30] 「七出」（『孔子家語』本命解）、「七棄」（『春秋公羊伝』荘公27年）とも言う。ここでは前出の『大戴礼』本命篇に従う。
[31] 『春秋公羊伝注疏』荘公27年「言已賤時、彼已事已、是其恩德也。若貴而棄之、即是背德而不報、非禮也」。

る。唐令には、「七出」を犯したとしても「三不去」の方が優先して存在すると明確に示されている。現実の場においてもまた「三不去」は「七去」を凌駕し、「七去」を制限する存在である。妻が七去の条を犯しても、「三不去」があれば、夫は妻と離婚することができなくなる。離婚という婚姻の本質に関わる問題においてすら、このようであるから、礼学者の庾蔚之が「賤しい身分の時の妻は地位が低い」という考え方を持っているとは考えられまい。

（二）庾蔚之の礼学観

　　先述の通り、庾蔚之は南朝劉宋で活躍した礼学者である。焦桂美によれば[32]、『宋書』、『南史』に庾蔚之の伝は立っていないが、『経典釈文』巻 1 の「庾蔚之『略解』10 巻」の条に「字は季随、頴川人。宋員外常侍」とあり、加えて、『宋書』にも、「…頴川の庾蔚之と并び儒學を以て、諸生を總監す[33]」、「頴川庾蔚之…皆な經書に志を託す、後學に見稱さる」[34]という記載があるから、当時、庾蔚之が儒学の大家として知られていたことが分かる。また、『宋書』巻 17「礼志」大明 5 年 10 月以後の諸記載によれば、孝武帝大明 7 年まで、庾氏は太常丞として、何度か朝廷の議礼活動に参加している。また、焦桂美氏の検討によれば、彼の礼法思想は、様々な学説を採り入れているが、その中心は鄭玄の説にあるという。焦氏は若干の例を挙げつつ、庾氏は鄭注を固く守り、主観的な憶測が少ないと評しているが、確かに庾氏が残している注を見ればそれは容易に首肯できる。例えば、『玉函山房輯佚書』に収録した彼の『礼記略解』中の「慈母の後爲る者は、庶母の爲にするも可なり、祖庶母の爲にするも可なり[35]」の条に付された注において、「庶子が適（＝嫡）母の子になるには、父の命令がなくとも良い」との解釈を加えている。一人の妾が亡くなり、その妾に子供があった場合に、父親がその子を別の妾に養わせることがあるが、この子を養わされる妾はこの子にとって「慈母」と呼ばれる存在になる。一方、適母とは、妾の子にとっての父の嫡妻のことである。庾氏によれば、庶子は元々嫡妻の子であり、この原則は昔に決められていたので、父の命令がなくても、庶子と嫡母の母子関係は成立する。つまりこの注からは、庾氏は嫡妻の地位に肯定的なことがわかる[36]。彼が嫡妻は庶子の母を扱うことは当然と思っていたから、慈母と違って、嫡母は父の命令がなくても、庶子を自分の子として育てることができると理解したのである。

　　このように様々な庾氏の注を見ると、彼は多くを鄭注に従っており、鄭注の説明において不足がある時には、その内容を詳しく解釈している。彼の学説には主観的な憶測が少なく、比較的保守的な礼学観

---

[32] 焦桂美「庾蔚之『礼記略解』評述」（『船山学刊』2009-1）。

[33] 『宋書』巻 93「雷次宗伝」（沈約『宋書』中華書局、1974、以下同）。

[34] 『宋書』巻 55「傅隆伝」。

[35] 庾蔚之『礼記略解』「爲慈母後者、爲庶母可也、爲祖庶母可也」。

[36] 馬国翰『玉函山房輯佚書』所収『礼記略解』によれば、庾蔚之は以下のように議論する。「注卽庶子爲後、此皆子也、傳重而已。不先命之與適妻、使爲母子也。鄭注此一經、明庶子爲適母後者、故云卽庶子爲後、謂爲適母後。此皆子者、此庶子皆適母之子。今命之爲後、但命之傳重而已。母道舊定、不須假父命之與適妻使爲母子也」。「傳重」の「重」は喪祭与宗廟の重任であると理解した。『儀礼喪服』「適（嫡）孫」の条、賈公彦疏に「此謂嫡子死、其嫡孫承重者、祖爲之期」。

の持ち主であり、決して奇抜な礼学観を唱えることはない人物であると想定されるのであって、とすれば、「正妻であり、且つ夫を支えるという恩義を施してくれた李氏は、王氏や何氏と同じように夫人にすることは出来ない」という、儒家の礼法の基本的な観点に完全に逆行する考え方を持っているとは尚更考えにくい。

　それでは、なぜ庾氏は「賤時の妻並びに夫人爲るを得ず、若し追贈の命有らば、則ち論ぜざるのみ」という観点を示したのだろうか。これについては以下のように理解するのが妥当であろう。つまり、彼が言いたかったのは「富貴になった後、娶った後妻は賤時の妻と同じように夫人になることは出来ないが、もし（皇帝から）追贈の命があるのなら、後妻も前妻と一緒に夫人になることができる」ということだったのである。言い換えると、「賤時の妻」こと李氏は、後妻の王氏と何氏より家庭内の地位が高いので、本来、王氏や何氏は、李氏と同じように夫人になることはできないが、もし朝廷（皇帝）から王氏と何氏への追贈の命があれば、この三人は同じように夫人として扱うことができるということを、庾蔚之は意味していたのであろう。つまり、夫人の印綬を贈ることは王氏と何氏の地位をあげるための行為であり、後妻の王氏と何氏が前妻の李氏と並列できる礼法的な根拠を提供するためのものである。このように理解すれば、この温嶠の夫人達の地位をめぐる謎を解くことができ、この例を「礼志」に引かれる他の「前妻の地位を守る」例と統一することで例外的な事例をなくすことができ、先秦からの儒教の礼学観とも一貫性を持ち、当時の礼学観にも合致させることができるのである。

　しかし、まだ二つの疑問が残っている。一つめとして、朝廷が陳舒に尋ねた問題と同じ問題、つまり三人全てを夫人とすることは可能か。二つめに、如上の議論のごとく李氏が王氏、何氏よりも地位高いとすれば、なぜ朝廷（皇帝）は王氏、何氏に対してだけ始安夫人の印綬を贈ったのか。筆者はこの二つの問題の統合的解釈の可能性について、次で詳しく検討したい。

（三）夫人印綬

　上のように、議論の前提として温嶠と夫人達の社会的地位、身分の問題を念頭に置きながら、儒教における前妻・賤時の妻の位置づけや扱われ方の基本的な決まりと、庾蔚之の礼学思想を考慮した結果、庾蔚之の「賤時之妻不得並爲夫人、若有追贈之命則不論耳」という議論の真義は「富貴になった後、娶った後妻は賤時の妻と同じように夫人になることはできないが、もし皇帝から追贈の命があるのなら、後妻も前妻と一緒に夫人に成ることができる」ということだと明らかになった。その上で本節では、如上の二つの疑問を解決していきたい。

　ただ、この二つの疑問は相互に密接に関わる。そしてこれについては、そもそも「夫人であること」を「夫人の印綬をもらったこと」と同義であると考えてよいかという点が俎上にのせられなければならない。そこで最初に、温嶠の妻達において、夫人の印綬をもらわないということが、李氏が温嶠の夫人として認められないということを意味しているのか否かという形で検討していきたい。

　まず、始安夫人の印綬を贈るという行為そのものについて、この行為は、唐代に明確に規定された「命婦」制度に極めて近いと思われる。『唐六典』「外命婦の制」には、以下の注が加えられている。

『晋令式』に云う「郡公・侯太夫人・夫人・銀印青綬・佩水蒼玉」と。宋・斉の後、多く其の制を用う。隋氏に至り始めて品格を定め、皇朝之れに因る[37]。

この記載によれば、王氏、何氏が夫人の印綬を受贈したのは、命婦制度が完全に整備される前であった可能性が高い。

すでに前文に述べた通り、命婦制度は唐代に体系化され、法律上で明確に規定された。『唐六典』の記載によると、唐代の外命婦制度は以下の表のようにまとめられる〈表2〉。

封号	封じられる女性
国夫人	一品及国公の母・妻
郡夫人	三品以上の母・妻
郡君	四品母・妻、若勲官二品有封の母・妻
県君	五品、若勲官三品有封の母 ・妻
郷君	勲官四品有封の母・妻

〈表2〉唐代外命婦制度

唐代のものではあるが、この表から推測するなら、王氏と何氏が他の封号ではなく、「始安夫人」という封号をもって封じられた原因は、恐らく温嶠が「始安郡公」[38]になったため、王氏と何氏は「始安夫人」として封じられたからであろう。この「始安夫人」とは後世の「始安郡夫人」に近いものと想定される。

一方、保科季子氏の「漢代の女性秩序－命婦制度淵源考」は、後漢の初期における「皇后―官僚の妻」という女性秩序は後世の内外命婦制度の淵源であったとする。つまり、この「始安夫人」は命婦制度の草創期において、制度的な確立はないものの、後世の命婦に近い存在と見ることができる。このような理解に立てば、王氏と何氏が「始安夫人」に封じられたことは、あくまで二人への褒美として行われたに過ぎないと考えられる。そして、前文で想定したように、この行為は王氏と何氏の地位を元妻の李氏と同じ地位まで上げるために行われたものなのである。

こう考えるならば、李氏が「始安夫人」の印綬をもらえなかったことは、李氏が「始安夫人」の号を受けるに値する資格を有していなかったこと、すなわち李氏が温嶠の夫人として認められていなかったことを意味しているとの一般的な理解は、成立しない。そうとすれば、李氏が「始安夫人」の印綬を受

---

[37] 『唐六典』巻2「尚書吏部」『晋令式』云「郡公、侯太夫人、夫人、銀印青綬、佩水蒼玉」。宋、斉之後、多用其制。至隋氏始定品格、皇朝因之」。

[38] 「温嶠伝」。

中国研究論叢　第19号　（2019.11）

けていないにも関わらず、「温嶠墓誌銘」には夫人として記録されているという矛盾も解消されるのである。

　さらに、保科氏は命婦制度が確立される原因について、「三従」の条と、『二年律令』の「女子比其夫爵」の条などから、「国家の儀礼に、官僚の妻が夫の官位爵位に準じて参加するというのは、「夫妻一体」（『儀礼』喪服・子夏伝）」の思想や、女性には爵位がなく夫の爵位に従うという考え方（『礼記』郊特牲）の反映である」と考えた。この保科氏の理解を前提に、本章の最初で提示した「礼志」の温嶠の記事の直後に記載されている内容を見ていきたい。

　　永和十一年、彭城國李太妃の求謚と爲る。博士曹耽之れを議し、「夫婦行かば必ず同うせず、夫の謚
　　を以て謚婦とするを得ず。『春秋』婦人に謚有るは甚多く、經に譏文無し、禮の謚を得るを知るなり」
　　と。胡訥云う「禮、婦人生なれば夫の爵を以てし、死すれば夫の謚を以てす。『春秋』夫人に謚有り、
　　復た禮に依らざるのみ。安平獻王の李妃、琅邪武王の諸葛妃、太傅東海王の裴妃並びに謚無し、今
　　宜しく舊典を率るべし」と。王彪之云う「婦人に謚有り、禮壞るるの故のみ。聲子謚を爲すは、服
　　虔の諸儒以て非と爲すなり。杜預亦た云う「禮に婦人謚無し」と。『春秋』之れを譏るの文無きは、
　　所謂貶絶を待たざるは自明なり。近世惟だ后乃ち謚有るのみ[39]」と。

　ここで注意するべきことは胡訥の「禮、婦人生けるには夫の爵を以てす、死すに夫の謚を以てす」という議論である。その根拠はまさに上述の保科氏が挙げた『礼記』「郊特牲」に書かれていた下記の記述である。

　　牢を共にして食ふは、尊卑を同じくするなり。故に婦人は爵無し、夫の爵に従う、坐するには夫の
　　歯を以てす[40]。

　これと、劉向が『五経通義』で言っている「婦人隨從を以て義と爲す、夫は朝よりも貴く、婦は室よりも貴く、故に夫の謚を蒙るを得。婦人爵無ければ、故に謚無し[41]」とは同じことを指している。儀礼において、「女子比其夫爵」（女性には爵位がなく夫の爵位に従う）と言っているのは、夫の爵位に従うことだけではなく、本人が亡くなって以後は夫が生存していた時の謚号に従うということも意味しているのだと思われる。しかし、遅くとも「二年律令」が出た時には、生・死を区別せず、ともに夫の爵位に従うという形式になったと考えられる。

　こうした見方の上に立てば、「なぜ朝廷（皇帝）は王氏、何氏に対してだけ始安夫人の印綬を贈ったのか」という問いに対する解答も「禮、婦人生以夫爵、死以夫謚」という言葉から推察することができる。ここでまた、すでに触れた「孟子と声子」の話に戻らなければならない。既出の「惠公元妃孟子。

---

[39] 「礼志」「永和十一年、彭城國爲李太妃求謚。博士曹耽之議「夫婦行不必同、不得以夫謚謚婦。『春秋』婦人有謚甚多、經無譏文、知禮得謚也」。胡訥云「禮、婦人生以夫爵、死以夫謚。『春秋』夫人有謚、不復依禮耳。安平獻王李妃、琅邪武王諸葛妃、太傅東海王裴妃并無謚、今宜率舊典」。王彪之云「婦人有謚、禮坏故耳。聲子爲謚、服虔 諸儒以爲非。杜預亦云「禮、婦人無謚」。『春秋』無譏之文、所謂不待貶絶自明者也。近世惟后乃有謚耳」。

[40] 『礼記』「郊特牲」「共牢而食、同尊卑也。故婦人無爵、從夫之爵、坐以夫之齒」。

[41] 王謨『漢魏遺書鈔』第４集（上海古籍出版社、1996）「婦人以隨從爲義、夫貴于朝、婦貴于室、故得蒙夫之謚。婦人無爵、故無謚」。

孟子卒、繼室以聲子、生隠公」の条の「孟子卒」について、晋の杜預が『春秋左伝正義』巻二「隠元」第一で以下の注を加えている。

　　薨を稱せざれば、喪を成さざるなり。謚無し。夫に先んじて死すれば、夫の謚に従うを得ず[42]。

　恐らく、この一言が、朝廷が李氏に対して始安夫人の印綬を送らない理由となっているのではないだろうか。嫡妻としての李氏には、孟子と同じような「夫より先になくなった」という状況があったので、夫の謚号（晋においては爵位）に従うこともできなかった。これは李氏が「始安夫人」の号を受けるに値する資格を有していなかったことを意味する。

　そう考える事で、筆者が第一章で提起した「夫人印綬が夫人身分を認定するものであれば、追贈されなかった李氏はなぜ温嶠の夫人として墓誌銘で記載されているのか」という疑問も氷解する。「夫人印綬の授与」は命婦制度の草創期において、後世の命婦冊封に近い存在である。「始安夫人（命婦）」に封じられなくても、李氏が温嶠夫人（妻）である社会地位は変わらない。墓誌銘に李氏・王氏・何氏の三人が並んで夫人として記されることはこれを証明している。「南京北郊東晋温嶠墓」では、李氏が早く死んで、夫人の名号を追尊されなかったため、「温嶠伝」には李氏の記事が残されていないという理解は、意味の異なる二つの「夫人」を混同している。

　また、唐に至ると、『六典』に「凡そ庶子、五品已上の官有れば、皆な嫡母を封ず。嫡母無くば、生む所の母を封ず[43]」という記載は見られるが、正妻と継妻のどちらが封じられることができるかについての明確な記載はなかった。さらに、明に至ると、「應に妻に封ずべきものは、止だ正妻一人を封ず。如し正妻生前に未だ封ぜず已に歿し、繼室封に當たれば、正妻亦た當に追封すべし[44]」と明確に規定されたが、これは礼学の学問的な体系化が進められたした結果と考えられる。もし温嶠と夫人達が明の時代の人であったなら、李氏もともに「始安夫人」に封じられただろう。

おわりに

　本論文のこれまでの検討から導き出された諸事実を再確認すると、まず庾蔚之の議論の真意は「富貴になった後娶った後妻は、賤時の妻と同じように夫人になることは出来ないが、もし皇帝から追贈の命があるのなら、後妻も前妻と一緒に夫人になることができる」ということである。つまり「賤しい身分であった時の温嶠」はあくまでも、後に重臣になった温嶠と同じく、その家格は貴族層の「次門」に属する、則ち賤しい身分ではない。同様に、「賤時の妻」である李氏の身分も決して低くなく、後妻の王氏と何氏も一見してイメージされるような非常に良い家格を持つ人であるとは言えない。これと第二章の「継妻になる女性の身分」の検討と合わせ、元妻になる女性も、継妻になる女性も、「門当戸対」の身分的内婚制の範囲内に制限されると思われる。前述したように、従来の『晋書』に対する「卑賎な時の妻

---

[42] 『春秋左伝正義』巻2隠元第一「不稱薨、不成喪也。無謚。先夫死、不得從夫謚」。
[43] 前掲『唐六典』巻2尚書吏部「外命婦の制」「凡庶子、有五品已上官、皆封嫡母。無嫡母、封所生母」。
[44] 『大明会典』巻6「文官封贈」「應封妻者、止封正妻一人。如正妻生前未封已歿、繼室當封者、正妻亦當追封」。

は一緒に夫人とすることが出来ない」という解釈は論理性を欠いた理解であり、李氏つまり温嶠の「賤時の妻」を身分が低い妻とする議論は妥当ではないと考えられる。

　「礼志」の編纂目的と温嶠の前後の事例を全体的に考えると、「礼志」がこの夫人印綬追贈の事例を提起する目的は、直後に記載されている「彭城国李太妃求諡」の記事と同じく、「婦人の諡」に関して、正しい解釈を示すことである。そのため、「朝廷が王氏、何氏のみ夫人印綬を贈った理由は王氏、何氏の実家が江南政局に強い影響力を与えている」からだとする羅新氏らの従来の見解は妥当ではない。李氏が「始安夫人」の印綬を与えられなかった背景に想定されるのは「先に夫死さば、夫の諡に従うを得ず」という礼学観である。また、「夫人印綬の授与」は命婦制度の草創期において、後世の命婦冊封に近い存在であり、「始安夫人（命婦）」に封じられなくても、李氏の温嶠夫人（妻）という社会地位は変わらない。前述したように、出土簡報の「李氏が夫人の名号を追尊されなかった為、温嶠伝に記事が残されていない」という理解も、違う意味の二つの「夫人」を混同しているため、見直されるべきだと考えられる。温嶠の事例は、確かに「渡江後に温嶠が出世する」「追贈によって地位を調整している」という特殊的な状況下にあるが、それであればこそ、その過程・議論から婚姻に関する当時の原則が明らかになる。温嶠の例も「前妻—継妻」の地位において、両方ともに嫡妻として扱い、継妻の地位は亡くなった前妻の地位を継いでその地位に倣うため、基本的に、前妻の地位を超えることはないという魏晋の原則に合致している。

参考文献

越智重明『魏晋南朝の貴族制』研文出版，1982.

神矢法子『「母」のための喪服―中国古代社会に見る夫権―父権・妻＝母の地位・子の義務―』日本図書刊行会，1994.

川勝義雄『六朝貴族制社会の研究』岩波書店，1982.

谷川道雄『中国中世社会と共同体』国書刊行会，1976.

中村圭爾『六朝貴族制研究』風間書房，1987.

中村圭爾「『劉岱墓志銘』考―南朝における婚姻と社会階層―」『東洋学報』61-3・4，1980，pp.285-320.

中村圭爾「六朝貴族制論」谷川道雄編『戦後日本の中国史論争』河合文化研究所，1993，p.76.

仁井田陞氏「六朝及び唐初の身分的内婚制」『歴史学研究』9巻8号，1939，pp.2-22.

野田俊昭「南朝における家格の変動をめぐって」『九州大学東洋史論集』16、1988，pp.79-100.

保科季子「漢代の女性秩序―命婦制度淵源考」『東方学』108、2004 pp.22-34.

矢野主税「南朝における婚姻関係」『長崎大学教育学部社会科学論叢』22，1973，pp.1-20.

范曄『後漢書』中華書局，1965.

房玄齢等『晋書』中華書局，1974.

焦桂美「庾蔚之『禮記略解』評述」『船山学刊』，2009年第1期.

洪飴孫『三國職官表』『三國志』筑摩書房，1977，pp.412-415.

孔穎達疏『十三經注疏』中華書局，1980.

李東陽等『大明會典』東南書報社，1964.

林宗閲「漢魏南北朝墓誌釋註（二）温嶠墓誌」『臺大中國中古近世史研究通訊』4期，2009.

劉麗文「『左傳』「繼室」考」『學術探究』，2003年第9期.

劉義慶『世説新語』上海古籍出版社，1982.

羅新・葉煒『新出魏晋南北朝墓誌疏證』中華書局，2005，pp.11-12.

馬国翰『玉函山房輯佚書』（『續修四庫全書』「子部 雑家類」第 1200～1205 冊），上海古籍出版社，
　　1995.
毛漢光『兩晉南北朝士族政治之研究』臺湾商務印書館，1966, pp.231-232.
南京市博物館「南京北郊東晉温嶠墓」『文物』，2002 年第 7 期.
南京市博物館『六朝風采』文物出版社，2004, pp.228-229.
湯球『九家舊晉書輯本』『百部叢書集成：原刻景印』藝文印書館，1964.
沈約『宋書』中華書局，1974.
唐玄宗撰『大唐六典』文海出版社，1962.
王謨『漢魏遺書鈔』第 4 集，上海古籍出版社，1996.
王汝濤『琅邪王氏考信録』群言出版社，2007.
王伊同『五朝門第』中華書局，2007
王志高「試論温嶠」『東南文化』，2002 年 9 期.
楊映琳「南京出土的東晉温嶠墓評析」『広西社會科學』，2003.5 期.
魏収撰『魏書』中華書局，1974.
蕭子顯『南齊書』中華書局，1972.
姚思廉『梁書』中華書局，1973.
張家山 247 號漢墓竹簡整理小組『『張家山漢墓竹簡』〔247 號〕釋文修訂本』文物出版社，2006.
趙超『漢魏南北朝墓誌彙編』天津古籍出版社，1992.
趙萬里『漢魏南北朝墓誌集釋』廣西師範大學出版社，2008.

（元青山学院大学文学研究科史学専攻博士後期課程）

中国研究論叢　第19号　（2019.11）

論 説

中国の高級中学における綜合素質評価の可能性
―大学入試改革との関連から―

石井　佳奈子　　小川　佳万

はじめに

　知識基盤社会の到来により、日本だけでなく東アジア各国で、「学力観」や「求められる人材像」が大きく変容してきている。日本では、1996年に中央教育審議会が答申した「21世紀を展望した我が国の教育の在り方について（第一次答申）」において、「生きる力」、すなわち「確かな学力」、「豊かな人間性」、「健康と体力」の3つの要素からなる力[1]の育成が教育の新たな目的とされた。また、それに伴い大学入試においても、「知識・技能」に限らず生徒を多角的に評価しようと推薦入試やAO入試が拡大している。例えば、平成26年度における国公立大学の実施状況をみると、推薦入試は95.1％、AO入試は42.3％の大学で実施されているが[2]、その5年後の平成31年度では推薦入試は95.9％、AO入試は51.2％と増加している[3]。両入試とも実施割合が増加しているが、特にAO入試は5年間で約10ポイント増加と顕著であることがわかる。

　こうした変化は、中国でも同様である。中国共産党中央委員会（中共中央）と国務院が1999年に公布した「教育改革を深化させ、素質教育を全面的に推進することに関する決定（関于深化教育改革，全面推進素質教育的決定）」（以下、「1999年決定」）の中では、「素質教育を全面的に推進し、21世紀の現代化建設の需要に応じた新社会主義者の育成」をすべきであると強調している。ここで「素質教育」とは、「知育・徳育・体育のすべてにバランスのとれた21世紀の社会で活躍できる人材育成のための教育」を意味する[4]。中国では、試験、とりわけ大学入試に重点を置いた「応試教育」が依然として主流であり、高級中学（日本の高等学校に相当）の授業は大学入試合格のための受験対策一色で染まっているといえる。そこで高校生は、もし大学入試に失敗しようものならその後の人生全体の「落伍者」になってしま

---

[1] 文部科学省「これからの時代に求められる力とは？」
〈http://www.mext.go.jp/a_menu/shotou/gakuryoku/korekara.htm〉（最終閲覧日：2019年6月10日）
[2] 文部科学省「平成26年度国公立大学入学者選抜の概要」
〈http://www.mext.go.jp/b_menu/houdou/25/09/__icsFiles/afieldfile/2013/09/06/1339253_01_1.pdf〉（最終閲覧日：2019年6月30日）
[3] 文部科学省「平成31年度国公立大学入学者選抜の概要」
〈http://www.mext.go.jp/a_menu/koutou/senbatsu/__icsFiles/afieldfile/2018/12/25/1412102_001.pdf〉（最終閲覧日：2019年6月30日）
[4] 小川佳万・小野寺香「中国高級中学の教育課程にみる多様化策―江蘇省の大学入試改革との関連に注目して―」広島大学大学院教育学研究科『広島大学大学院教育学研究科紀要　第三部』第65号。2016年、11-18頁。

うのではないかというプレッシャーと日々戦うことになる[5]。この問題に関して国務院は、2014年に「大学入試制度改革を深化させることに関する意見（関于深化考試招生制度改革的意見）」（以下「2014年意見a」）を公布し、その後現在に至るまで大学入試制度の全面的な改革を推進している。この「2014年意見a」の中で注目すべきは、試験の形式と内容の改革に関してである。これまでは、毎年6月7日から8日もしくは9日まで実施される大学入学試験（原語で一般に「高考」と呼ばれている）の結果のみで選抜の合否が決定していたが、1回の試験のみでは受験生の精神的負担が大きすぎるとして、高級中学第二学年時に実施されている「学業水準試験」（「高考」の前に実施されるということで、一般に「小高考」と呼ばれる）と日本の調査書のような「綜合素質評価」、つまり生徒の諸活動の記録も合否判断の資料とすべきと提案している。これを中国では、「二依拠一参考」（「高考」と「学業水準試験」の結果に基づきながら、「綜合素質評価」も参考とする、という意味）と呼んでいる。この中で「綜合素質評価」は、上述の「素質教育」の推進と特に関係が強いといえる。例えば、「2014年意見a」と同じ年に教育部から公布された「普通高級中学生の綜合素質評価を強化し改良することに関する意見（関于加強和改進普通高中学生綜合素質評価的意見）」（以下「2014年意見b」）でも、「綜合素質評価」は「素質教育」を推進するための重要な方策の一つであると述べられている。また、2011年からは「綜合評価」方式という新たな選抜方式が一部の省で導入されており、この選抜方法は「素質教育」を強く意識したものであるとされている。

　「綜合素質評価」あるいは「綜合評価」についての先行研究としては、新教育課程下で「綜合素質評価」の内容について検討した黄の研究（2006）[6]や、入試改革における「綜合素質評価」のメリット・デメリットを論じた周・張の研究（2014）[7]、「綜合評価」方式の導入背景の検討と先行導入した省の比較検討を行った辺の研究（2018）などがある。また日本では「素質教育」と大学入試改革について論じた研究[8]や、大学入試での調査書の活用方法に焦点を当てた研究[9]が存在する。これらの先行研究では、「綜合素質評価」や大学入試改革、「綜合評価」方式に関して個別に明らかとしているが、「綜合素質評価」と「綜合評価」方式の関係を考察したものは管見の限り見当たらない。

　以上を踏まえ、本稿では、「綜合素質評価」が中国の高級中学でどのように取り扱われ、それが大学入試にどのように活用されているのかを特に「綜合評価」方式に着目して明らかにすることを目的とする。

---

[5] 王麗燕「1990年代以降の中国における大学入学者選抜制度の改革と課題—高校卒業試験と大学入学試験の関係—」中国四国教育学会『教育学研究ジャーナル』第2号、2005年、51－59頁。
[6] 黄志紅「新課程背景下普通高中学生綜合素質評価的研究与構想」『課程・教材・教法』第11期、2006年、17－22頁。
[7] 周先進・張睦楚「高考改革:高中生綜合素質評価的"可為"与"難為"」『全球教育展望』第7期、2014年、101－111頁。
[8] 小川佳万・小野寺香「中国高級中学の教育課程にみる多様化策—江蘇省の大学入試改革との関連に注目して—」広島大学大学院教育学研究科『広島大学大学院教育学研究科紀要　第三部』第65号。2016年、11-18頁。
[9] 石井光夫「中国の大学入試個別選抜改革—調査書活用や推薦・AO入試の試み—」東北大学高度教養教育・学生支援機構編『個別大学の入試改革』東北大学出版会、2018年、227-246頁。

1. 「綜合素質評価」とは

　現在中国で推進されている「綜合素質評価」とはどういうものであろうか。それを明らかにするために、本節前半では、「綜合素質評価」の評価内容、評価主体、評価過程に着目して分析を行う。後半は、実際の記録簿をみることで、「綜合素質評価」の具体的な特徴をみていくことにする。

(1)評価項目

　「綜合素質評価」について教育部の具体的な方向性が初めて言及されたのは、2002年に教育部から公布された「中小学校の評価と試験制度改革を積極的に推進することに関する通知（関于積極推進中小学評価与考試制度改革的通知）」（以下「通知」）である。この通知の数年前にも「1999年決定」等で「素質教育」を推進すべきと提案されていたが、当時の初等・中等教育段階における評価体系や試験制度は、まだ学習成績を重視し生徒の発達や個人の差異を軽視したものであったため、つまり時期尚早として「素質教育」を推進することが困難であった。こう

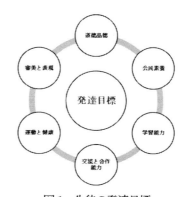

図1　生徒の発達目標

出所：教育部（2002）より筆者作成。

した状況を踏まえ、本「通知」では、より具体的に「徳、智、体、美等の方面から生徒を綜合評価することにより発展・養成」しなければならないと述べられている。また、この「通知」では、生徒の基礎的な発達目標として以下の6項目が挙げられている（図1）。一つ目は、「道徳品徳」である。この目標は、祖国・人民・労働・科学・社会主義を愛する姿勢を育むことである。2つ目は、「公民素養」であり、自らを律し、勤勉に努力し自己を肯定する姿勢を育む。3つ目は「学習能力」で、これは学習することの面白さを見出し、自己の学習における過程と結果を反省する姿勢を育む。4つ目は「交流と合作能力」であり、他人と共に目標を実現することができ、他者の視点や立場を理解・尊重する姿勢を育む。5つ目は「運動と健康」で、運動を愛し、鍛錬する習慣をつけ、健康な体で健康な生活を送ることを目標とする。6つ目は、「審美と表現」であり、生活や自然、芸術や科学の中の美しさを感受し、健康な審美情趣を備えさせる。これら6つの発達目標を達成すべく、初等・中等段階の評価制度の改革が目指された。ここで注目すべき点としては「学習能力」が挙げられる。以前は、「綜合素質」という語について、多くの人々が音楽や美術等の芸術、または体育に優れていることを指すとイメージしており、そのためアカデミックな能力は含まれないと認識されていた[10]。しかし、この「通知」の中で明確に「素質」にはアカデミックな能力も含まれるということが言及され、「綜合素質」がそれも含めた全体を指すということが周知された。ただし、この「通知」の中では、大学入試について綜合評価を取り入れた選抜方法の必

---

[10] 崔允漷・柯政「关于普通高中学生综合素质评价研究」『全球教育展望第9期』、2010年、3頁。

要性が述べられているのみで、具体的なことについては言及されていない。

　大学入試における「綜合素質評価」の推進について具体的な提言がなされたのは、「2014 年意見 b」においてである。この「2014 年意見 b」の中では、「綜合素質評価」の意義や原則、評価内容、評価手順等が示されている。その中で、特に評価内容についてみると、次の 5 分野が定められている（表 1）。先の「通知」では基礎的な発展目標として 6 項目が挙げられていたが、この「2014 年意見 b」での 5 分野は、それら発達目標を統合・整理したものであると考えられる。具体的には、「公民素養」と「交流と合作能力」は、一部の領域が「思想品徳」に含まれ、それ以外のものについては「社会実践」にまとめられていることが、「通知」と「2014 年意見 b」の内容から読み取ることができる。また、教育部は「2014

表 1　評価分野と評価対象

評価分野	評価項目
思想品徳	党団活動、社団活動、ボランティア活動等
学業水準	学業水準試験の成績、研究性学習の成果等
心身健康	「国家学生体質健康標準」の測定結果
芸術素養	芸術活動の成果、多様な芸術方面での表現等
社会実践	実践活動への参加時間等

出所）教育部（2014）より筆者作成。

年意見 b」の中で評価内容について定めているが、これをもとに各省は 5 分野をより細分化し、より具体的に何を評価・測定するのかを定めている。具体的にどのように指定しているのかについては後述する。

(2)評価主体

　前述の通り、「綜合素質評価」は生徒の発達を全面的に評価しようとするものである。では、その「評価」はだれがおこなっているのであろうか。

　評価主体は主に、以下の 4 つに分類できる。まずは教員による評価である。これは学校における生徒の評価主体として最も一般的なものである。次に生徒による相互評価が挙げられる。学級内で小グループをつくり、グループ内でお互いについて評価しあう。3 つ目に自己評価がある。評価される生徒自身が評価するため違和感を覚えるかもしれないが、これは「綜合素質評価」が選抜機能だけでなく教育機能も有しているためと考えることができる。自分自身を様々な角度から評価することにより、生徒自身が自分の潜在的な性質や優れている点、または反対に自分に不足している点について気づくことが期待されている[11]。ただし、自己評価による教育機能を十分に発揮させるためには、「綜合素質評価」は生徒

---

[11] 鮑銀霞「推進綜合素質評価引領学生自主発展」『広東教育』第 1 期、2019 年、43 頁。

同士の長所短所を比べるものではなく、生徒それぞれの良い側面を発現させ伸ばしていくための重要な手段であるという認識を生徒全体で共有しなければならない[12]。そのため、生徒の周りの教員や保護者は、生徒にこのような認識を持てるよう指導または環境整備を行う必要があるだろう。最後に保護者からの評価がある。教員や生徒同士の評価では学校内での生活のみが評価対象となってしまいがちであるため、生徒を全面的に評価するためには学校以外でも着目する必要がある。保護者による評価はこのような視点から実施されていると考えられる。以上の通り、評価主体を複数設けることにより、生徒の素質を多角度から描き出そうとしていることがわかる。ただし、評価主体をだれとするのか、また、それぞれの評価主体をどの程度重視するのか等の具体的な事柄については、各省で異なっている。例えば、安徽省では、生徒の自己評価20%、相互評価40%、教員による評価40%としているのに対し、寧夏回族自治区では、生徒の自己評価20%、グループ（相互）評価30%、教員による評価50%となっている[13]。この例からもわかるように、生徒の自己評価と相互評価は、「綜合素質評価」の中で重視されているが、依然として教員による評価の影響が強いのも事実である。

表2　Y高級中学で実際に使用されている「綜合素質評価表」

評価段階	評価				等級
	自己評価	相互評価	教員評価	綜合評価	
道徳品徳	98	96	97	97	Y
公民素養	99	95	97	97	Y
学習能力	83	86	89	86	B
交流と合作	81	91	95	89	B
運動と健康	90	92	94	92	A
審美と表現	90	93	95	93	A
綜合素質評価序列					良好

出所）湖南省にあるY高級中学のHP（2017年）より。

　表2は実際に、湖南省にあるY高級中学で使用されている「綜合素質評価表」である（ただし湖南省内では同一のものである）。表2からこの高級中学では生徒の自己評価、相互評価、教員による評価が取り入れられていることがわかる。また、評価内容についてみると、「2014年意見b」で定められた5分野ではなく、「通知」における基本的な発達目標6項目を採用している。ここから、「2014意見b」により評価内容は提示されたが、それは全国一律にすべきというものではなく、何を評価するのかについては、ある程度各省に任せられていると推測できる。

　次に、Y高級中学で使用されている「綜合素質評価表」から各評価主体がそれぞれどれだけ重視され、

12　同上。
13　劉志軍・張紅霞「普通高中学生綜合素質評価：現状、問題与展望」『課程・教材・教法』第33巻第1期、2013年、18－19頁。

総合等級はどのように算出されているのかについてみていく。まず、各評価主体（生徒自身、同級生、教員の 3 者）が 6 項目それぞれに 100 点満点で点数をつける。つけられた点数を項目ごとに自己評価40％、相互評価30％、教員による評価30％で計算し、その合計を「綜合」の欄に書く。各評価項目のランク付けは、この「綜合」に記入された点数をもとに算出していく。「道徳品徳」と「公民素養」は、合格か不合格かの二択で評価され、合格の場合には「Y」、不合格の場合には「N」と記入する。ただし、何点を基準として合格か不合格かの判断をしているのかについては明らかにされていない。また、「学習能力」、「交流と合作（能力）」、「運動と健康」、「審美と表現」については、ABCD の等級で評価が行われる。等級については項目ごとに、「綜合」の点数が 90 点以上であれば「A」、80〜89 点であれば「B」、60〜79 点であれば「C」、60 点未満であれば「D」となる。そして全体評価である「総合素質表評価等第」は、「学習能力」、「交流と合作（能力）」、「運動と健康」、「審美と表現」の 4 項目の等級から算出される。ここで「道徳品徳」と「公民素養」が除外されている理由は、これら 2 項目に関しては「不合格」と評価することは慎重にすべきと意見されており[14]、したがって基本的に「不合格」とされることはないからである。一方、江蘇省では、「道徳品徳」と「公民素養」が不合格の場合は、そもそも大学入学試験に参加することができないとされている[15]。つまり、「道徳品徳」と「公民素養」は合格である前提で、残りの 4 項目の等級から綜合評価がなされる。4 項目のすべてが「A」の場合は「優秀」、3 項目が「A」であり「D」が一つもない場合は「良好」とされ、4 項目中 3 項目以上「D」の場合は「不合格」、以上のどれにも当てはまらない場合は「合格」とされる。この「綜合素質評価表」については、学校で紙媒体として保管されるだけでなく、後述する電子記録簿に記録・保管され、大学入試や生徒自身が自らの活動を反省する際に使用される。

(3)評価方法

中国の高級中学では従来から生徒個人の記録簿（原語「档案」）が作成されていた。現在では、日本でいう調査書のような受験者情報をすべて電子化し、「電子記録簿（原語「電子档案」）」として各大学の選抜資料として利用されるようになっている[16]。2019 年の教育部の規定をみると、電子記録簿の内容について、受験生の基本情報や思想政治品徳の評定、学業水準試験の成績、綜合素質を反映した情報であるとしている[17]。生徒の綜合素質を反映した情報には「綜合素質評価」も含まれているとされている[18]。実際、多くの省では「綜合素質評価」を記録するための専門のインターネットサイトを設置しており、そ

---

[14] 湖南省「湖南省普通高中学生綜合素質評価実施意見」（http://xsc.gov.hnedu.cn/c/2016-10-08/843404.shtml）（最終閲覧日：2019 年 6 月 2 日）

[15] 小川佳万・小野寺香「中国高級中学の教育課程にみる多様化策-江蘇省の大学入試改革との関連に注目して-」広島大学大学院教育学研究科『広島大学大学院教育学研究科紀要　第三部』第 65 号、2016 年、15 頁。

[16] 石井光夫「中国の大学入試個別選抜改革―調査書活用や推薦・AO 入試の試み―」東北大学高度教養教育・学生支援機構編『個別大学の入試改革』東北大学出版会、2018 年、232-233 頁。

[17] 教育部（2019）「2019 年普通高等学校招生工作規定」＜https://gaokao.chsi.com.cn/gkxx/zszcgd/zszc/201904/20190415/1782739573-3.html＞（最終閲覧日：2019 年 6 月 19 日）

[18] 石井（2018）、前掲書。

こにアップロードされた内容が電子記録簿の一部分を形成している。以下では、「綜合素質評価」が電子記録簿へ記録されるまでの過程を「2014年意見 b」をもとにみていくことにする。

評価過程には大きく 4 つのプロセスが存在する。その内の第 1 段階から第 3 段階までは、「綜合素質評価」を記録するための専門のインターネットサイト上で行われる。第 1 段階は、生徒の活動記録である。ここでは教員の指導に従って、生徒が自身の「綜合素質評価」に関する具体的な活動や関連する資料を随時活動記録表に記録しなければならない。なお、具体的な活動については、前掲した表 1 に記している。また、先ほど見た Y 高級中学で実際に使用されている「綜合素質評価表」等も第 1 段階で記録されると考えられる。

第 2 段階は、記録の整理・選抜である。毎学期末に生徒は第 1 段階で記録したものの中から代表的な活動、資料を選択しなければならない。このときに選択された資料は大学入試の際に用いられるため、生徒の署名が必要となる。

第 3 段階は、公開審査である。第 2 段階で選抜された資料が本当に適切なものであるかを審査するために、該当資料を毎学期末に教室や掲示板、学校のホームページ等で公開する。それを学級主任や関係教員が審査し署名する。

そして、最後の第 4 段階は、電子記録簿への登録である。「綜合素質評価」登録は、各省が指示した形式で行うことが要求されており、その形式に従いながら生徒個人の「綜合素質」記録簿が作成される。記録簿の主な内容は、①思想品徳、学業水準、心身健康、芸術素養、社会実践の 5 分野を包括し、突出したものを記した成長記録、②生徒の卒業時に記述した自己評価と教員の評価、③客観的事実資料と関連する証明書類、であるとされている。この記録簿は、大学入試の際には大学側によって必要な個所が抽出され、合否を判定するための材料として活用されるが、それと同時に、教員が生徒の成長過程を科学的に分析したり、生徒自身が自己を振り返り自己肯定感を高めたり欠点を克服することを促す役割もある。つまり、「綜合素質評価」には、選抜機能だけでなく、教育機能も兼ね備えているということがわかる。湖南省の高級中学「綜合素質評価」データの公開サイトでは、5 領域それぞれについて生徒が登録した情報を公開している[19]。もちろん、学籍番号や名前の一部は隠されており個人情報は保護されているが、登録した生徒本人からすればすぐに自分の記録とわかるものであろう。この取り組みの意図も、おそらく生徒の自己評価を促すものであり、「綜合素質評価」の教育機能を利用したものであると考えられる。

(4)広東省の例

以上のことは「通知」や「2014年意見 a」「2014年意見 b」等のような国務院や教育部が公布している政策文書を基にしているが、実際に生徒が使用している記録簿の内容はどのようなものであろうか。

---

[19] 湖南省「湖南省普通高級中学綜合素質評価数拠公開平台」＜http://zhpj.hnedu.cn/zhquery/＞（最終閲覧日：2019年 6 月 23 日）

中国研究論叢　第19号　（2019.11）

これを明らかにするために、ここは広東省の教育庁が公布している記録簿の見本をみていくことにしたい[20]。記録簿は基本的に、①基本情報、②写実記録、③自己陳述、④教員による評価、⑤証拠となる資料、⑥公示状況の6つで構成されており、ページ数だけでみると、②写実記録が全16頁中11頁を占めており、最も分量があることがわかる。以下では、①〜⑥のそれぞれでどのような内容が必要とされているかを検討する。

　まず①基本情報では、その名の通り生徒に関する基本的な情報が求められている。氏名や性別、出生年月日などはもちろんのことであるが、民族や政治的立場も記入が求められる。中国には漢民族と55の少数民族が存在し、各民族の居住地が入り混じっているため、生徒はどの民族出身であるのかを明らかにする必要がある。大学入試の際には、少数民族受験生に加点措置が行われる場合も多いため、自身の民族名を明記するのは重要なことであるといえよう。また、政治的立場を記入するということは、自分がどのような政党または政治団体へ参加しているかを表明すること[21]であり、間接的に生徒の政治思想を明らかにしている。日本では日本国憲法19条の保障する思想もしくは良心の自由の内容の一つとして「沈黙の自由」があり、自己の思想について表明することを強制されない自由をもっているとされている。このため、政治的立場を記録簿（日本では調査書）に記すというのは日本にないことであり、この点は「中国的」特徴といえよう。

　次に、②写実記録についてみていく。この部は、5つの評価分野（「思想品徳」「学業成績」「心身健康」「芸術素養」「社会実践」）それぞれについての詳しい記録が求められている。まず「思想品徳」の欄では、生徒が参加した党団活動、社団活動、ボランティア活動等について、その内容、活動時間、だれのための活動か、どこで実施したのかを詳細に記録しなければならない。また、これらの活動は校内活動と校外活動に二分されており、校内活動は文化芸術、科学技術、運動会、クラブ活動、クラス活動等の校内で実施されている集団活動を指しており、校外活動は公益労働やボランティア活動等を指している。また、「思想品徳」の欄では活動記録以外にいじめについての項目もある。「綜合素質評価」は受験先大学にも提出されるため、これは校内のいじめや暴力への抑止効果が期待されている[22]。その次の「学業成績」の欄では、毎学期の各科目の成績、学業水準試験の成績、（体育・芸術以外の科目で）特に優秀な科目の学習状況、日本の総合的な学習の時間で実施されるような研究活動である研究性学習の成果の4つについて記録することが要求されている。特に優秀な科目の学習状況については審査員の署名が必要となっている。「心身健康」の欄では、身体能力の記録として体重指数や肺活量等の健康診断記録と長距離走や長座体前屈等の体力テストの記録、競技会での活動実績の記入が求められている。また、普段の運動習慣や食事習慣について、精神面の健康状況について、安全面についての記述欄がそれぞれ設け

---

[20] 広東省教育庁（2018）「广东省教育厅关于普通高中学生综合素质评价的实施办法（修订）」
＜http://zwgk.gd.gov.cn/006940116/201812/t20181229_794739.html＞（最終閲覧日：2019年6月19日）
[21] 具体的には、中共党员、中共予備党员、共青团员、民革党员、民盟盟员、民建会员、民进会员、农工党党员、致公党党员、台盟盟员、无党派人士、群众（现称普通居民、与居民身份证相对应）の中から選択する。
[22] 新华网(2017)「多次欺凌同学将记入综合素质评价」
＜http://www.xinhuanet.com/local/2017-04/18/c_129544479.htm＞（最終閲覧日：2019年6月29日）

られている。これらの項目には、審査員の署名が求められている。「芸術素養」の欄では、「審美と体験」、「興味と特技」、「創作と成果」の3項目の記録を行う。「審美と体験」は生徒が芸術に関する施設への参観や学習会・活動会の参加、そのほか日常での芸術体験についての記録が求められている。「趣味と特技」は、校内外の芸術サークルや社会団体への参加、その他芸術に関する活動状況の記録が求められている。「創作と成果」は、芸術展覧会への参加やコンクールの成績等、代表的な創作または成果を記録する。具体的な記録の内容については、3項目同じものであり、テーマ、主催者、場所、日時、名前（活動名や展覧会名等）あるいは等級・順位、証明する人の署名、審査員の署名を記入する必要がある。そして「社会実践」の欄では、社会生活の中での活動や体験、経験の状況についての記録が求められる。具体的には、生活技能[23]、生産労働、職業体験、軍事訓練、社会調査、参与観察、修学旅行、作品の設計製作、各種研究調査等の活動状況及びそれにより育成された能力と成果、または勤労しながら学校へ通っている一部の生徒についてはその記録を指す。活動内容、開始と終了日時、累計従事時間、主催者、実践成果、証明する人の署名、審査員の署名を記録しなければならない。以上が、②写実記録の具体的な内容である。

　③自己陳述では、学期末に生徒が自分自身の綜合素質の発達状況や個性について具体的な事例を挙げながら500字以内で記述する。自己の発現や向上、自信や自主性等について、生徒自身が自己を振り返り、自分の成長過程を描く必要がある。この記述についても審査員の署名が必要となる。④教員による評価も、③と同じように記述式であり、300字で教師の視点から生徒の成長過程について客観的で公正な評価が求められている。評価の内容については、総括、生徒の個性・特徴の描写、建議を記述するように指示されている。⑤証拠となる資料では、①～④までの記録や記述についての証拠となるような写真、報告書、証明書、作品等の資料について書き出す必要がある。これらの各資料については電子ファイルに変換し、「綜合素質評価」専用のインターネットサイトへ投稿する。

　そして最後の⑥公示状況では、これまでの①～⑤の内容について、先述した評価過程の第3段階である公開審査を行い、そこでの質疑とそれに対する応答を記述し、それらに対するクラス担任の意見も掲載する。

　以上が広東省で使用されている記録簿の詳細である。ここからわかることは、客観性を非常に重視している点である。特に、②写実記録では、5領域それぞれの記録についてそれを証明するための証人や、各領域の資料として適しているのかを審査する審査員の署名を必要としている。さらに⑤証拠となる資料でも、具体的な資料を列挙しなければならない。また、これらの記録や資料が本当に適切であるのかについて、生徒やクラス担任以外の第三者による公開審査が実施される。このように、証拠をもとにした記述を行うことによって客観性を保とうとしていると捉えることができる。しかし、これらの評価だけでは生徒の実績や目に見える結果しかみることができず、生徒の内面の発達やどれくらい伸びたか等を捉えることができない。そこで重要となってくるのが、③自己陳述と④教員による評価である。生徒

---

[23] コミュニケーション能力や勤勉性等、日常生活内での生徒の生活技能を指す。

中国研究論叢　第19号　（2019.11）

自身や生徒の身近な存在であるクラス担任が長期的な視野で生徒の内面の成長や個性を描くことにより、実績や等級・点数評価だけでは見えない生徒の内面の豊かさや多様性を評価することが可能となる[24]。

　　しかしながらその一方で、これらの記述評価に対しては、これを記入するために生徒が多大な時間を費やさなければならず試験のための勉強に影響を与えてしまう点や教師が保護者の圧力や自身の進学実績のために実際とは異なる評価を行う危険性がある点を指摘し、記述評価は不要であるという意見も存在する[25]。だが、記録簿は大学入試でも活用されるため、信頼性を担保するという意味でも客観的な評価は必要であると考えるが、同時に「綜合素質」を評価するという性質上生徒の内面の発達についても言及する必要があるため、生徒自身またはクラス担任の記述評価も一定量取り入れなければならないであろう。各評価のバランスについては、検討の余地があるが、現段階では最終的にどの評価をどれほど重視するかについては各大学に判断がゆだねられている。

2.　大学入試における「綜合素質評価」の活用

　　前節では、「綜合素質評価」は学校現場のみならず、国務院等の中央政府機関でも重視し国を挙げて推進していこうとしていることを明らかにした。それでは、大学入試の中で三位一体の一つと位置付けられている「綜合素質評価」は、実際の大学入試でどのように扱われているのだろうか。本節では、「綜合素質評価」が大学入試にどのように活用されているのかについて具体的にみていくことにしたい。

(1)「綜合評価」方式の拡大

　　「綜合評価」方式という選抜方法が、近年中国では拡大している。その始まりは、2007年に湖南省にある中南大学が試験的に行った「綜合評価」選抜方式であると考えられる。一期校[26]グループの合格最低ラインより全国統一試験の成績が20点以上高い生徒は面接に参加することが可能となり[27]、面接では「公民素養」、「個性特徴」、「言語能力」、「創造能力」、「社交能力」、「道徳素養」、「科学素質」、「心理素質」、「審美素質」、「人文素質」という10側面についての審査が行われた[28]。これ以前にも中国では面接試験を用いた選抜方法は存在していたが、それは主に芸術系や体育系、軍事系等の学科に限定して実施されていたため、それを文系や理系一般の学科にも拡大したという点で中南大学の果たした役割は大

---

[24] 沙麗華ら「綜合素質評価中教師評語的特点、作用及写作要求」『遼寧教育』第2期、2019年、43−44頁。
[25] 秦春華・林莉「高考改革与綜合素質評価」『中国大学教学』第7期、2015年、19頁。
[26] 中国では四年制の高等教育機関が大きく三つにグルーピングされており、そのグループごとに入学者選抜時期が異なっている。具体的には、大学の文理別に一期校（一流大学：中国では一般に「一本」と呼ばれる）、二期校（「二本」：四年制の一般大学）、三期校（「三本」：四年制の民営大学）、専科学校（二年制の高等教育機関）にグルーピングされ、グループごとに入学者選抜時期が設けられる。（小野寺、2017）
[27] 中南大学招生在線「中南大学2007年綜合評価録取政策解読」< http://zhaosheng.csu.edu.cn/254 >（最終閲覧日：2019年7月1日）
[28] 人民網（2007）「湖南中南大学07年综合评价录取面试出怪題」、
< http://edu.people.com.cn/GB/8216/31559/31560/31573/5941245.html >（最終閲覧日：2019年6月19日）

きいといえよう。

表3　2018年に綜合評価方式を実施した重点大学

複数地区の受験生に対して
清華大学領軍計画[29]、北京大学博雅計画[30]、深圳北理莫斯科大学、南方科技大学、上海科技大学、中国科学院大学、上海ニューヨーク大学、北京外国語大学、昆山杜克大学
上海市の受験生に対して
北大上海博雅計画、上海財経大学、復旦大学、華東大学、同済大学、香港中文大学（深圳）、華東理工大学、清華上海領軍計画、上海外国語大学、上海交通大学、上海大学、華東師範大学、南方科技大学
浙江省の受験生に対して
清華浙江三位一体、中国科学院大学、北大浙江三位一体、寧波ノッティンガム大学、復旦大学、香港中文大学（深圳）、上海交通大学、温州肯恩大学、浙江大学、南方科技大学、中国科学技術大学
江蘇省の受験生に対して
南京大学、南京師範大学、東南大学、西交利物浦大学
山東省の受験生に対して
山東大学、浙江大学、中国海洋大学、中国石油大学（華東）、哈爾浜工業大学（威海）、　香港中文大学（深圳）
広東省の受験生に対して
香港中文大学（深圳）、華南理工大学、西交利物浦大学、浙江大学、中山大学

出所：自主招生在線「2018年重点高校綜合評价入選名単匯総」〈http://www.zizzs.com/c/201806/26846.html〉
　　　（最終閲覧日：2019年7月1日）をもとに筆者作成。

続いて2008年4月には浙江省で「浙江省新課改高考方案」が公布され、「学業水準試験、綜合素質評価と全国統一試験という三位一体の多元的試験評価体系の確立」が必要であるとされた。そして、2011年に三位一体の「綜合評価」方式が浙江工業大学と杭州師範大学で試験的に実施され、その選抜方法に基づいて260人が入学した。これを機に「綜合評価」方式を導入する大学は毎年増加していき、浙江省の4年制大学に注目してみれば、2012年に12校であった実施校が翌年には22校と急増している[31]。また、2016年には全国で54大学が「綜合評価」方式を導入しており、入学予定者数は7,754人にのぼ

---

[29] 清華大学において「綜合評価」方式を指す選抜方式の名称。
[30] 北京大学において「綜合評価」方式を指す選抜方式の名称。
[31] 林上洪「浙江高校自主招生的模式創新: "三位一体"綜合評価」『考試研究』第1期、2015年、29頁。

っている[32]。これを 5 年前（2011 年）の入学者と比較すると約 30 倍も増加していることがわかる。

その後もこの「綜合評価」方式は中国全土で拡大を続けているといえる。表 3 は、2018 年の綜合評価方式を実施した重点大学であり、北京大学や清華大学をはじめとした著名な大学でも「綜合評価」方式が導入されていることからも、従来の全国統一試験の成績のみでの選抜以外の方式が注目されてきていると推測できる。

（2）浙江大学の事例

それでは、「綜合評価」方式とは具体的にどのような選抜方法なのであろうか。これを明らかにするために、全国で最も早く三位一体の「綜合評価」方式を省単位で始動させた浙江省の、特に 985 大学[33]である浙江大学に着目する。

浙江大学 HP から 2019 年の三位一体「綜合評価」方式についてみると、大学全体で 800 人の定員を設けていることがわかる。浙江大学には 2018 年時点で大学生（学部生）が約 2 万 5,000 人在学しており[34]、単純計算すると 1 学年に 6,250 人ほど在学していると考えられる。2019 年も同じ規模の入学生が入ってくると仮定すると、そのうちの 800 人、つまり約 13％が「綜合評価」方式で入学すると推測できる。そして、「綜合評価」方式は今後さらに拡大していくことが予想されるので、浙江大学に限ってみれば、「綜合評価」方式が「特別」な選抜方法ではなく「一般的」な選抜方法と認識される日はそう遠くないのかもしれない。

次に、受験生の応募条件をみると[35]、「学業水準試験に不合格科目がなしで通過し、高級中学期間の綜合素質評価の最終的な等級が "優秀（A）" または "良好（B)"」であることが挙げられており、「全面的に発達した優秀な普通高級中学卒業生」を求めている。ここでは、具体的に「綜合素質評価」の等級が指定されており、「綜合素質評価」が実際の大学入試に少なからず影響をもっていることが読み取れる。

---

[32] 李云里ら「高校 "三位一体" 綜合評价录取质量与公平的个案研究」『華東師範大学学報（教育科学版）』第 3 期、2018 年、42 頁。

[33] 世界トップレベルを目指すプロジェクト（985 工程）に選ばれた大学を指す。「985」は 1998 年 5 月に江沢民総書記（当時）が北京大学の創立 100 周年記念式典で「現代化を実現するため、我が国には世界最先端レベルの一流大学が必要である」と宣言したことに由来。

[34] 浙江大学 HP「学校概況」＜http://www.zju.edu.cn/512/list.htm＞（最終閲覧日：2019 年 6 月 20 日）

[35] 浙江大学本科招生网「浙江大学 2019 年浙江省 "三位一体" 綜合評価招生簡章」〈https://zdzsc.zju.edu.cn/2019/0513/c3299a1196831/page.htm〉（最終閲覧日：2019 年 6 月 20 日）

その選抜方法は2段階に分かれている。一次審査は書類による審査である。ここでは、学習成績をはじめとした各方面の状況を提出した資料から審査する。これも広い意味で受験生の「綜合素質」を評価しているといえるであろう。一次審査では、各募集単位（各学科）定員の6倍程度の人数まで絞られる。つまり、2019年の場合、浙江大学全体で4,800人前後の受験生が一次審査を通過すると考えられる。一次審査を通過した受験生は全国統一試験を受けた後、二次審査として浙江大学独自の総合試験を受験する。

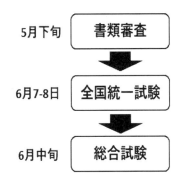

図2　浙江大学の「綜合評価」方式の選抜過程

この総合試験は筆記試験と面接試験で構成されている。そして、最終的な総合得点は、「(全国統一試験の成績÷750×100)×60％＋総合試験の成績×30％＋学業水準試験×10％」の計算式で求められる。総合試験の成績は、筆記試験：面接試験＝2：1の比率とし、100点満点で評価される。また、学業水準試験の成績は、10科目（「語文」、「数学」、「外国語」、「物理」、「化学」、「生物」、「歴史」、「地理」、「思想政治」、「技術」）の各成績を4段階（A,B,C,D）で評価し、A=10点、B=9点、C=8点、D=6点で計算し、その合計が算入される。なお、一次審査においても二次審査においても、浙江大学の各募集単位に所属している教員が審査を行う。以上のように、選抜方法をみると、一次審査または総合試験内の面接試験によって、受験生の「伝統的な学力」以外を評価しようとしている。ただし、特に二次審査では、総合得点の中の面接試験の成績の割合は極めて小さく、最終的な合否決定の際には、未だ「伝統的な学力」が大きな影響力をもっているということが推測できる。

　また、審査の時期をみると、「綜合評価」方式の応募が5月13日〜20日の間に行われ、5月末には書類審査の結果が公開される。その後すぐに全国統一試験が実施され（6月7〜8日）、6月中旬には総合試験が行われる。そして6月下旬に最終的な合否が発表される。（図2）このように、「綜合評価」方式では極めて短期間で選抜が行われる。これは、選抜する側である大学にとっても負担であると考えられるが、受験生にとっても大きな負担であろう。特に、短期間のあいだに全国統一試験と総合試験が実施されるため、受験生の肉体的・精神的負担が十分考えられる。また、学業水準試験の成績も割合は小さいが総合得点の中に含まれている。つまり、受験生は、全国統一試験の勉強や総合試験のための筆記対策・面接対策に加えて、志望学科とはあまり関係のない科目であってもぬかりなく勉強する必要がある。この背景には「高級中学で履修するすべての科目・活動を大学入試に関連させよう」[36]とする意図が読み取れ、「これこそが「素質教育」の大学入試への最大の影響」[37]であるとされているが、果たしてこの方法が、本当に生徒の全面的な発達を促進しているかは検討の余地があると考えられる。

　以上をまとめると、浙江大学の「綜合評価」方式では、選抜を2段階に分けて行っており、それに加

---

[36] 小川・小野寺、前掲書、17頁。
[37] 同上。

えて「綜合素質評価」や面接試験を取り入れ、受験生の「伝統的な学力」以外の側面を評価しようとしていることが明らかとなった。この点に関して、「1回の試験で人生が決まる」という大学入試の従来の考えを根本的に変える可能性を示したと評価する研究も存在する[38]。しかし一方で、三位一体の「負の側面」ともいえるような、受験生の負担増については、現状を調査したうえで、対策を考える必要があるのではないだろうか。また、この方式では、全国統一試験や総合試験内の筆記試験、学業水準試験のように「伝統的な学力」が重視される試験形態が、総合得点の中心となっているため、「素質教育」よりも「応試教育」を助長してしまう危険性も考慮する必要があるのではないか。以上のように、「綜合評価」方式には、生徒の全面性を評価しようとする本来の目的を達成するために、まだまだ多くの課題が残されている。しかし、「素質教育」を推進するものとしての可能性も大いに秘められているのも事実である。

(3)「綜合評価」方式と「自主学生募集」の違い

　「綜合評価」方式とよく混同されるものとして「自主学生募集」制度がある。「自主学生募集」制度とは、2001年から実施されている選抜方法であり、「単純に一度きりの試験の成績で合否を決めるのではなく学力試験を基礎とし大学の多様な評価にもとづいて合格者を決定する制度を充実させることや大学の運営自主権をいっそう拡大させることを目的」[39]として導入されたものである。2019年時点で「自主学生募集」制度を採用している大学は90校[40]である。この「綜合評価」方式と「自主学生募集」制度の2つの共通点として、辺（2016）は次の3点を指摘している。1つ目は、「生徒の素質や個性を養成するのに有利な点」、2つ目は「評価と選抜の過程で、大学の自主性が十分に発揮されている点」、3つ目は「高級中学を大学の評価体系に引き入れることで生徒の真の素質状況を反映できる点」であると主張している[41]。また、両者とも「全国統一試験＋（プラス）」の方式であり、全国統一試験を前提・基礎としているとも指摘している[42]。1点目と3点目に関しては、記述の通り、「綜合評価」方式が素質や個性を養成するために本当に機能しているのかという点に疑問が残るが、2点目は確かに両者とも共通している。

　では、両者の相違点はどこにあるのであろうか。最も大きな違いは対象とする生徒である。「自主学生募集」制度では、学校内でも特に優秀な生徒を求めており、その際に国際科学オリンピックの受賞歴等をもっていると有利になると一般的には言われている。また、大学が重視する能力についても志望学科

---

[38] 林、前掲書、29−30頁。

[39] 南部広孝・楠山研『中国の大学入学者選抜における「自主招生」の現状（資料編）』平成19年度〜平成21年度科学研究費補助金平成19年度中間報告書、2008年、3頁。

[40] 陽光高考「2019年「自主招生」報考指南」<https://gaokao.chsi.com.cn/gkzt/zzzs2019>（最終閲覧日：2019年7月18日）

[41] 辺新灿「高校綜合評价招生改革的発展历程，模式和价值取向—兼与自主招生的比較」『高考改革研究』第8期、2016年、20頁。

[42] 同上。

に関する内容に偏っている[43]。一方で「綜合評価」方式は、生徒の全面的な発達性を重視しているため、何か特別な賞などを要求することはなく、生徒の総合素質に重点を置いている[44]。その点では、「綜合評価」方式は「自主学生募集」制度より比較的容易であると考えられる。また、それぞれを実施している大学ランクにも違いをみることができる。「自主学生募集」制度を採用しているのは主に985大学・211大学のような中国でも一流と呼ばれている大学であり、「自主学生募集」制度を採用するには教育部が規定した基準を満たしていないといけないため、その数は限られてしまう[45]。他方で「綜合評価」方式を実施するための基準は特に必要なく、そのため毎年導入する学校数は増加している[46]。要するに、「自主学生募集」制度が対象とする生徒は、学業成績が極めて優秀な者であり、事前に受験してもらうことで、大学側が優秀な生徒を早い段階で確保することを目的として実施されている。一方で「綜合評価」方式の目的は、生徒を多元的に評価することであり、生徒の全面的な発達を重視している。このように、両者は、選抜の目的が異なっている、言い換えれば、獲得したい受験生像が異なっているといえるのである。

おわりに

　以上、本稿では現在中国の教育で推進されている「綜合素質評価」の詳細とそれが大学入試でどのように活用されているかについてみてきた。本稿の結論をまとめると、以下の3点を指摘できる。

　第一に、「綜合素質評価」は、選抜機能だけでなく教育的機能も備えていた。確かに、「綜合素質評価」は大学入試にも活用されているが、本来の目的は生徒の全面的な発達を促進することである。生徒が毎学期末に自分自身の活動を振り返り、どういう点が成長しどういう点が課題として残っているのかを見つめることで、今後自分に必要なものは何かを実感することが可能である。評価分野が5つに分かれている理由の一つとして、自己を様々な角度から評価できるようにという配慮が込められていると考えることもできる。また、「綜合素質評価」が教育機能をもっているからこそ、記録簿に生徒自身で自己陳述を書くことには一定の意義が見い出せるであろう。大学入試の審査資料となる重要な記録簿に自分自身で自分の成長を描かなければならないと意識していれば、受験勉強以外にも様々な活動や体験に興味をもちやすくなる。もちろん、このような外発的な動機づけではなく内発的動機づけによってそれらの活動に参加するほうが望ましいのかもしれないが、未だ「応試教育」が大きな影響をもっている中国では、このように外からの要因がなければ受験勉強以外の活動に取り組むことは少ないと考えると、このような方法もベストではないがベターなのではないであろうか。

　第二に、「綜合素質評価」では多様な評価項目、評価主体により、多角的かつ客観的に生徒を評価しよ

---

[43] 魯明「特殊類型招生－自主招生与綜合素質評価招生」『考試与招生』、2018年、11頁。
[44] 同上。
[45] 自主招生在線「一張図看懂自主招生与綜合評価招考政策」<http://www.zizzs.com/c/201802/21830.html>（最終閲覧日：2019年6月22日）。
[46] 同上。

うとしている。評価主体は、各省で差はあるが、基本的には教員による評価だけでなく、自己評価、相互評価、保護者からの評価のどれかが実施されているため、最低でも2つの視点から生徒を評価することとなる。また、評価分野を「思想品徳」、「学業水準」、「心身健康」、「芸術素養」、「社会実践」の5分野とし、記録簿に各分野について記録する際には、必ず証拠となる資料や証人、審査員の署名が必要となる。このことから「綜合素質評価」を行う際には、多角的視点と客観性が重視されているということがわかる。これは「綜合素質評価」の信頼性を向上させるためであると推測できる。現在、「綜合素質評価」を活用した大学入試を実施する大学が増加しているが、その際に問われるのは「綜合素質評価」またはそれを含む記録簿の信頼性である。この信頼性が保障されない場合、各大学は「綜合素質評価」を入試の参考とすることに消極的となり、たちまち「応試教育」が再興してしまう危険性が高い。そうならないためにも、「綜合素質評価」の信頼性というのは非常に重要な問題であるといえる。

　第三に、近年の大学入試では「綜合評価」方式という新たな大学入試が登場・拡大し、その中で「綜合素質評価」も少なからず影響をもっている。一般的に中国では、6月7日から2ないし3日間実施される全国統一試験を受験しその点数のみで入学する大学を決定するという方式がとられている。それに対して、「綜合評価」方式では書類審査と総合試験の2段階で選抜を行い、特に総合試験には面接試験も含まれており、「伝統的な学力」以外を審査しようという姿勢をうかがうことができる。しかし一方で、依然として全国統一試験の成績や総合試験の中の筆記試験は得点の中で大きな割合を占めているため、この方式で受験しようとすると受験生は、知識技能を詰め込む受験勉強に加えて、面接対策や「綜合素質評価」に関する活動についてもまじめに取り組まなければならない。そのため、かえって受験生の負担を増やしているのではないかという懸念が生まれている。

　なお本稿では、「綜合素質評価」の中身や「綜合素質評価」を活用した大学入試について検討してきたが、それらの具体的な成果や「綜合評価」方式の公平性などについては言及していないため、今後の課題としたい。また、「綜合素質評価」をはじめとする「素質教育」の動向とそれに伴う大学入試改革についてこれからも注目していきたい。

参考文献
日本語文献
石井光夫「中国の大学入試個別選抜改革―調査書活用や推薦・AO入試の試み―」東北大学高度教養教育・学生支援機構編『個別大学の入試改革』東北大学出版会、2018年、227-246頁。

王麗燕「1990年代以降の中国における大学入学者選抜制度の改革と課題―高校卒業試験と大学入学試験の関係―」中国四国教育学会『教育学研究ジャーナル』第2号、2005年、51－59頁。

小川佳万・小野寺香「中国高級中学の教育課程にみる多様化策―江蘇省の大学入試改革との関連に注目して―」広島大学大学院教育学研究科『広島大学大学院教育学研究科紀要　第三部』第65号、2016年、11-18頁。

小野寺香「第3章　中国の大学入試における格差是正措置」小川佳万編『アジアの大学入試における格差是正措置』広島大学高等教育研究開発センター、2017年、全95頁。

南部広孝・楠山研『中国の大学入学者選抜における「自主招生」の現状（資料編）』平成19年度～平成21年度科学研究費補助金平成19年度中間報告書、2008年、全197頁。

中国語文献

黄志紅「新課程背景下普通高中学生綜合素質評価的研究与構想」『課程・教材・教法』第 26 巻第 11 期、2006 年、17－22 頁。

沙麗華ら「綜合素質評価中教師評語的特点、作用及写作要求」『遼寧教育』第 2 期、2019 年、43－45 頁。

周先進・張睦楚「高考改革:高中生綜合素質評価的"可為"与"難為"」『全球教育展望』第 7 期、2014 年、101－111 頁。

秦春華・林莉「高考改革与綜合素質評価」『中国大学教学』第 7 期、2015 年、15－21 頁。

崔允漷・柯政「关于普通高中学生综合素质评价研究」『全球教育展望第 9 期』、2010 年、3－12 頁。

鮑銀霞「推進綜合素質評価引領学生自主発展」『広東教育』第 1 期、2019 年、42－44 頁。

劉志軍・張紅霞「普通高中学生綜合素質評価:現状、問題与展望」『課程・教材・教法』第 33 巻第 1 期、2013 年、18－23 頁。

李云里ら「高校 "三位一体" 综合评价录取质量与公平的个案研究·」『華東師範大学学報 (教育科学版)』第 3 期、2018 年、41－56 頁。

林上洪「浙江高校自主招生的模式創新:"三位一体"綜合評価」『考試研究』第 1 期、2015 年、28－33 頁。

魯明「特殊類型招生－自主招生与綜合素質評価招生」『考試与招生』、2018 年、10－11 頁。

辺新州「高校綜合評価招生改革的発展历程，模式和价值取向－兼与自主招生的比較」『高考改革研究』第 8 期、2016 年、15－22 頁。

教育部「教育部关于積極推進中小学評価与考試制度改革的通知」教基[2002]26 号、2002 年。

教育部「教育部关于加強和改進普通高中学生綜合素質評価的意見」教基二[2014]11 号、2014 年。

湖南省「湖南省普通高中学生綜合素質評価実施意見」

  <http://xsc.gov.hnedu.cn/c/2016-10-08/843404.shtml＞（最終閲覧日：2019 年 6 月 2 日）

浙江大学 HP＜http://www.zju.edu.cn/main.htm＞（最終閲覧日：2019 年 6 月 20 日）

人民網（2007）「湖南中南大学 07 年综合评价录取面试出怪题」，

  ＜http://edu.people.com.cn/GB/8216/31559/31560/31573/5941245.html＞（最終閲覧日：2019 年 6 月 19 日）

主要なウェブサイト

文部科学省ホームページ　http://www.mext.go.jp/

中華人民共和国教育部ホームページ　http://www.moe.gov.cn/

広東省教育庁ホームページ　http://edu.gd.gov.cn/

浙江大学ホームページ　http://www.zju.edu.cn/

（広島大学大学院教育学研究科博士課程前期、広島大学大学院教育学研究科教授）

中国研究論叢　第19号　（2019.11）

資料

華中農村訪問調査報告（2）
－2018年10月、湖南省の農村－

弁納　才一

はじめに

　筆者らが華中師範大学中国農村研究院による全面的な支援と協力を得て華中（湖北省ないし湖南省）の農村を訪問したのは、今回（2018年10月）で3回目になる[1]。今回の華中農村への訪問に先立って、華中師範大学から5名の研究者が2018年4月2日（月）に筆者らが兼任研究員を務めている東洋文庫を訪問し、東洋文庫近代中国研究班との共催によるミニシンポジウムにおいて我々と学術交流（華中師範大学側の研究報告を含む）を行った[2]。そして、その際に今回の中国農村訪問調査に対する華中師範大学の協力と支援を強く要請していた。

　今回は、これまで筆者とともに数回にわたって華中師範大学中国農村研究院を訪問してきた田中比呂志（東京学芸大学教育学部教授・東洋文庫兼任研究員）が大学の教務関係の急用により中国への訪問をキャンセルすることになり、筆者と古泉達矢の2人だけが華中師範大学を訪問することになった。2018年10月18日（木）に成田空港（NH919,9:45）から上海・浦東空港（11:50）へ出国し、高速鉄道を利用して上海・虹橋駅（G14,15:00）から南京南駅（16:00）へ移動し、29日（金）に上海・浦東空港（NH922,10:15）から成田空港（14:00）に戻ってきた。このうち19日～22日、湖北省武漢市を訪問して華中師範大学中国農村研究院と学術交流を行うとともに、華中師範大学の肖盼晴・張晶晶と湖南省出身の胡平江（華中師範大学中国農村研究院助理研究員）の支援と協力を得て湖南省岳陽市の農村を訪問して聞き取り調査を実施することができた。その旅程は、以下のとおりである。

　19日（金）午前、南京駅から武漢駅へ移動し、同日午後は筆者が華中師範大学中国農村研究院で講演を行い、夕方には中国農村研究院院長を初めとする教員たちと会食した。20日（土）、武漢駅から汨羅

---

[1] これまでの湖北省の農村訪問については、拙稿「華中農村訪問調査報告(1)－2016年10月・2017年6月、湖北省の農村」（霞山会『中国研究論叢』第18号、2018年12月）を参照されたい。また、それ以前の華中師範大学中国農村研究院及び湖北省武漢市への訪問については、拙稿「華東農村訪問調査報告(11)－2015年5月、江蘇省の農村」（『金沢大学経済論集』第36巻第1号、2015年12月）229～238頁を参照されたい。

[2] 華中師範大学側からの参加者は、鄧大才（中国農村研究院院長・教授）・徐勇（中国農村研究院前院長・教授）・肖盼晴（中国農村研究院助理研究員）・李俄憲（外国語学院教授）・石挺（人文社会科学高等研究院教授）・張晶晶（人文社会科学高等研究院助理研究員）の6名だった。なお、東洋文庫において開催された座談会では、内山雅生「戦後日本における戦時期の調査資料の取り扱いと資料を利用した研究について」と鄧大才「華中師範大学における満鉄等の日本語資料の中国語訳について」の2つの報告が行われた後、参加者による意見交換が行われた。なお、4月2日（月）午前中は、筆者が東洋文庫の書庫を案内した後、古泉達矢が同ミュージアムを案内した。華中師範大学側の訪日については、「徐勇教授和鄧大才教授等一行五人赴日本考察交流」（華中師範大学中国農村研究院『中国農村研究網』2018年4月9日付）を参照されたい。

中国研究論叢　第19号　（2019.11）

東駅へ移動し、車を借り上げて同駅まで出迎えに来ていた胡平江に泪羅市に隣接する岳陽市Ｐ県農村まで案内してもらって、筆者・肖盼晴と古泉達矢・張晶晶の二手に分かれて農村で聞き取り調査を行った[3]。Ｐ県に実家がある胡平江以外の我々4人は泪羅市中心街のホテルに2泊した[4]。21日（日）、終日、農村で聞き取り調査を行い、泪羅東駅から武漢駅へ戻ると、李俄憲が中国農村研究院院長鄧大才の代理として夕食を提供してくれた。22日（月）、武漢駅から無錫東駅へ移動した。

　我々の農村訪問調査の目的は、文献資料からは読み取ることができない、1949年以降における中国農村社会の変化を深く理解することにあるが、湖南省農村への訪問は今回が第1回目だったことから、村民との信頼関係を構築するために、個人史や家族史を中心にして話し手が話してもよいと考えていることを聞くことにした。

　本稿では、2018年10月に筆者と古泉達矢の計2人が訪問した湖南省農村における聞き取り調査の内容と武漢市・湖南省泪羅市などの状況について報告することにしたい。また、筆者と古泉達矢・張晶晶の記録との間にはいくつかの差異や齟齬があったので、その点も記録に残すことにした。なお、本稿では、主に煩雑さを避けるために、原則として敬称を略し、算用数字と常用漢字を用い、また、プライバシー保護の観点から、農村聞き取り調査にかかわる人名・地名・固有名詞などを伏せることにした。

1. 湖南省農村聞き取り調査

　今回、湖南省農村における聞き取り調査では、日本語ができる肖盼晴と張晶晶は湖南省の方言を理解することができなかったので、湖南省の方言しか話すことができない聞き取り対象者の老人については湖南省出身の胡平江に通訳を依頼せざるをえなかった。

(1) 2018年10月20日

　話を聞かせていただいたHSL（写真1を参照）は、足が不自由になっていたが、非常に聞き取りやすい共通語を話してくれた。しかも、息子の妻がお茶を出してくれるなど、気を遣ってくれた。

---

[3] 古泉達矢・張晶晶による聞き取り内容については、古泉達矢が整理して「「華中農村訪問調査（1）―2018年10月・2019年10月、湖南省」（金沢大学環日本海環境研究センター『日本海域研究』第51号、2020年3月刊行予定)」に掲載を予定している。
[4] 我々が宿泊した美宿麗致御尊酒店（建設中路店）は、泪羅市内で開業したばかりの当地としては最高級ホテルだったが、三つ星ホテルで、外国人が宿泊したのは我々が初めてだったのだろうか、同ホテルにチェックインする時にパスポートを提示すると、フロントの係員が手続きに少し戸惑っていた。また、当該ホテルは、泪羅市の中心街に位置していたが、近年、車両数が急増したにもかかわらず、市街地の再開発が進んでいないために、車道の幅が狭く、激しく渋滞し、我々が乗車した車がホテルに到着する直前にはかなりの時間を要した。

写真1．古泉達矢（左側）・HSL（中央）・筆者（右側）

聞き取り対象者：HSL
聞き取り日時：2018年10月20日（土）9:40～11:10、14:10～15:30
聞き取り場所：湖南省岳陽市P県W鎮にあるHSLの息子の妻が経営する商店兼家宅
聞き手：弁納才一・古泉達矢
通訳：胡平江・肖盼晴・張晶晶
記録：張晶晶

HSLの個人史

・1936年旧暦5月23日（干支は子年）にS村に生まれ、2018年10月現在、83歳になった。8～9歳頃、日本兵に声をかけられて半日くらい日本兵の後について行って村の中を歩いていたが、途中で日本兵が地面に向けて銃を撃ったのを見て怖くなってこっそり逃げた。

・9歳（1945年）から13歳までの4年間、隣村のP家橋村の公堂（詳細は後述）の私塾で「新書」を学んだ。1949～50年はH郷の「完小」（「完全小学」の略称）[5]で「老書」（「三字経」・「算盤」・「幼学」（「幼学瓊林」））を学んだ。1951～52年は「新書」（「語文」「数学」など）を学んだ。ただし、古泉達

---
[5] 1949年の中華人民共和国が建国した当初は、農村部における小学校は4年制が一般的だったので、6年制の小学校を「完全小学」と呼んでいた。

矢の記録に寄れば、1949～50年も公堂で学び、1951～52年はH郷の「完小」で学んだという。

・1953年（17歳－張晶晶の記録によれば、18歳）から仕事を始めて35年間働いた。まず郷鎮政府委員として「査田定産」（徴税のための土地肥沃度に関する評価）の仕事を2年間やった。農地の肥沃度は「紅、黄、藍、白、黒」（1級、2級、3級、4級、5級）の5級に区分されていた。次いで、P県第11区区公所の「税収員」（徴税員）として3ヶ月働いたが、当時、いっしょに税金の取り立てに行った同僚が怒りっぽい性格で、非常に厳しく税金の取り立てをしていたのを見て（自分は脅したりして厳しく税金を取り立てることができなかったので）仕事が嫌になって徴税に関わる仕事をやめた。私は、区公所の上司の薦めで、本村の互助組や合作社の「会計」に転職した。なお、その徴税員時代の同僚の息子（PSP）は、2018年10月現在、P県計画生育局の副局長を務めている。

・1954年（18歳）、県政府からの指令を受けて互助組を組織して互助組の組長兼会計を務めた。T村に組織された4つの互助組が「聯組」となり、30戸余り130人余りの「貧下中農」（貧農と下層中農）が参加した。地主や富農は参加することができなかった。

・1954～55年には和平初級合作社で合作社の社長兼会計を務め、1955～56年には湖聯高級合作社で会計を務め、さらに、人民公社の生産小隊で会計を務めた（ただし、古泉達矢の記録によれば、1つの生産大隊を管理する仕事も兼任したという）。高級合作社には4ヶ村350戸が参加していた。なお、成績の良い合作社社員は「大紅」と呼ばれた。また、初級合作社では農具・土地・耕牛が「入股」（事実上の公有化？）された。さらに、土地がない者は金を支払って入社することができたが、中下貧農は国から金を借りて入社に必要な資金を用立てた。なお、一般的に、初級合作社では出資分と労働量（労働点数）に応じて分配されていたので、本来は個人所有だった農具・土地・耕牛・資金などを初級合作社に出資したと思われる。

・1955年8月1日に入党し、2018年10月現在、63年目を迎えた。少し前に入院し、脚の調子が良くなく、起きている時はほとんど車椅子に座っている。

・今年（2018年）、私の息子が癌で亡くなった。息子の妻はかつて教師をやっていたが、2018年10月現在は我々が話を聞いた商店を経営している。

公堂と私塾

・かつてS村にあったP家公堂は、2017年に修築されてZ公堂と呼ばれるようになった。

・私（HSL）は、S村に住んでいたが、家から近いP家橋公堂の私塾に通った。私塾の先生の手当は公堂から支払われていたが、学費として一学期ごとに「1斗穀子」（約12斤の籾殻付きの米）を公堂に納めた。その私塾では40～50人が学んでいた。

S村の概況

・P県W鎮の人口は約5万人で、T村の人口は約1,500人である。1949～82年、T村とS村が合併してT村となり、1982～2017年、T村とS村が分かれたが、2017年（張晶晶の記録によれば、2018

年）に自然村のＴ村・Ｓ村（写真２を参照）・Ｐ家橋村が合併して行政村としてＹ村となった。当該村村民委員会の側には健康器具が設置されていたが、本村民が利用しているようには見えなかった（写真３を参照）。

・Ｔ村ではＨ姓が約40％であるのに対して、Ｓ村ではＰ姓が約80％を占めている。解放前、Ｔ村にはＨ家公堂、Ｓ村にはＰ家公堂、Ｐ家橋村にはＰ家橋公堂があった。公堂とは家祠（祠堂）のことである。

写真２．Ｓ村の毛沢東像

写真３．Ｙ村村民委員会の側の健康器具

中国研究論叢　第19号　（2019.11）

・抗日戦争時期にＳ村にやって来た日本軍は「一個師三個団」の大部隊で、時々、本村の豚や牛を殺して食べるなど、めちゃくちゃなことをしていた。父と祖父が日本兵に捕まって「子弾」（銃弾）を運ばされた。村の人々は怖くなって近くの山に逃げた。本村の近くには国民党の軍隊や八路軍（彭徳懐）・新四軍（王震）もいた。1945年、蒋介石の国民党軍95師（一個聯隊）が石橋村にやってきて日本軍と戦い、多くの国民党軍兵士が亡くなり、生き残ったのは7人にすぎなかった。国民党軍95帥は湖北省・湖南省・河南省など、様々な地方からやって来た兵士たちから構成されていた。日本兵（「日本鬼子」）はＳ村に3回やってきたが、最後に撤退する時に本村の食糧を奪っていった。なお、彭徳懐は1928年7月22日の平江起義を率いていたために本村のあるＰ県一帯では人気があった。ちなみに、劉少奇の故郷はＰ県の隣県である[6]。

・Ｓ村では、抗日戦争勝利後に第二次国共内戦は発生しなかった。というのは、湖南省が解放された淮海戦役の時、1949年8月に国民党軍16師が投降し、国民政府の湖南省長も投降したからである。そして、1949年10月から1950年2〜3月頃まで土地改革が行われ、地主の土地の没収や「悪覇」分子の鎮王などの「反封建反統治（国民党）」運動が展開された。

・Ｓ村からも私（HSL）より少し年上の人たちが朝鮮戦争（「抗美援朝」戦争）への志願兵として多く参加した。旧日本軍の「三八式槍」（三八式歩兵銃）で戦ったと聞いている。朝鮮戦争の戦場では多くの人が戦死し、本村に戻ってきた人から凄惨な戦闘の様子を聞いたので、私（HSL）は志願兵にはならなかった。

(2) 2018年10月20日夕方

聞き取り対象者：YJG

聞き取り日時：2018年10月20日（土）15:55〜17:30

聞き取り場所：湖南省岳陽市Ｐ県Ｗ鎮LSD宅

聞き手：弁納才一

通訳：胡平江・肖盼晴

YJGの個人史

・農暦1938年12月（干支は寅年）にＪ村（Ｔ村の隣村）で生まれた。

・7歳（1945年）から4年間、霊官廟内にあった小学校で「三字経」など「老書」を学んだ。11歳（1949年）から2年間、「放牛」（自家の1頭の牛の放牧）に従事した。1951年から2年間、Ｊ村から約5km離れたＨ村にあったＧ「完小」（完全小学）で学んだ。

・1953〜56年の3年間はＪ村から約50km離れたＰ県城にあったＰ一中[7]（「初中」）で学んだ。科目の

6　劉少奇の出身地は長沙市寧郷県で、岳陽市平江県の隣県ではない。

7　「一中」は「第一中学」の略称であり、当該地域のトップの「中学」（中学校・高等学校）である。なお、「初中」は中学校、「高中」は高等学校にあたる。

中では、特に物理（放物曲線など）が得意だった。学校の宿舎に住んでいた（「住校」）ので、宿舎費・学費・食費などが一学期（半年）50元余りで、年間110元かかった。「稲穀」（籾米）・豚・鶏などを売って宿舎費などの諸費用を捻出した。

・1953年当時、J村からP一中に入学したのは私1人だけだったので、本村内の「信用社」から特別に借金をすることができた。

・1957年に高級合作社共青団支部書記となったが、1958年にP県城にあった「P技校」で学び、1959年までP機械廠で働いて都市戸籍になった。

・1960～62年に長沙科技学院（「中専」）でロシア語を学んだが（ロシア語の先生は中国人）、1961年から1962年にかけて徐々にロシア人技術者（同学院のロシア人教員を含む）が引き上げていったので、1962年7～8月頃には同校が閉鎖された。

・1962年秋、J村に帰り（農村戸籍に戻る）、J生産大隊の民兵営長を務めた。1963～73年、Q生産隊隊長を務めた。当時のスローガン（「八字方針」）は「調整強固充実提高」政策だった。

・1973年に入党し、W生産大隊党支部副書記を務め、1991年に定年退職した。

YJGの家族史

・父（YBQ）も祖父（YLA）も、本村外で働いたことがなく、本村内で農業に従事していた。父は、4人兄弟の3番目で、みな貧農だった。さらに、4人の姉妹がいたが、その姉妹の名前は知らない。

・父の一番上の兄はYBR、2番目の兄はYBH、弟はYBGだったが、日本兵に捕まって連れ去られ、行方不明になった。

・父は、2～3畝の農地を所有する「貧農」で、5～6畝の水田（冬は蚕豆を栽培）のうち3～4畝は小作地だった。その地主は本村人で、小作料は「稲穀」で支払った。また、父は「短工」もやって賃金の代わりに「稲穀」をもらった。土地改革では5畝の土地を分配された。

J村の概況

・J村はT村の隣村で、1949年8月に国民党軍が投降して解放され、1990年にW村と合併してW鎮居民委員会となった。

・本村には5戸の地主がいたが、最大の地主でさえもその所有面積は20畝にすぎなかった。また、本村では「換工」も行われていた。

・1953年は旱魃（「顆粒無収」）があって「祈雨」「求雨」を行うと、1954年には泪羅江が氾濫して水害が発生した。1960～62年の三年困難期のうち、1961年が最も苦しい年で、多数の餓死者も出た。夏休みや冬休みに長沙から村に帰って来た時に、村の惨状を目の当たりにした。

(3) 2018年10月21日午前

聞き取り対象者：ZJS

中国研究論叢　第19号　（2019.11）

聞き取り日時：2018年10月21日（日）9:10～10:40
聞き取り場所：湖北省岳陽市P県W鎮C村ZJS宅
聞き手：弁納才一・古泉達矢
通訳：胡平江・肖盼晴・張晶晶
記録：張晶晶

ZJSの個人史

・旧暦1948年6月（干支は子年）にC村で生まれた。3人兄弟の末っ子である。

・7歳（1955年）から4年間、Z小学（1927年に建立された「洋学堂」）で学んだ。1949年にP県第14高級小学がZ小学と改名された。

・1958年から2年間、H小学で学んだ。その後、1959年から2年間、S「完小」で学んだ。

・1961年の13歳から半年（一学期）、本村から20～30km離れていたP五中で学んだ後、泪羅X初中で2年間半学んだ。P五中に入学した時は、ちょうど三年困難時期で、両親からは1日当たり半斤（250g）の米が送られていたが、P五中の校長が両親に送る米の量を増やすように説得して1日当たり750g（古泉達矢の記録によれば、600g）になった。私の家族は甘藷を食べて米を私に送ってくれた。また、私は8科目のうち6科目で満点をとったので（特に数学が得意だった）、P五中の先生がご褒美として1回だけごちそうしてくれたことがあった。

・1964年（16歳）に本村へ戻ってきて、約200人が参加した生産隊で農業に従事し、特に「管水」（水利の管理）・「製種」（交雑種の製造）・「育秧」（苗の育成）などに関わった。

・1976年、毛沢東の死去によって政治状況が変化し、生産隊の会計になった。そして、1980～83年は村の会計、1983～88年は信用站（信用社？）の会計、1987～2005年はC村支部書記を務めた。

・2006年、T村の規律監督委員になった。2011年から『Z氏家譜』の修繕作業を「主持」し、「悼母親」（母親への追悼文）を書いた。2014年からZ氏族委員会主任（族長）を務め、「祖墳」の管理や「掃墓」（「正月初一」、「清明」、「七月十五」、「十二月二十三」）を取り仕切っている。ただし、最近は「12月23日」には「掃墓」をしなくなった。また、2005年・2008年・2012年には「大型祭祖」が行われた。

ZJSの家族史

・ZJSが我々に見せてくれた家譜（ZJS主編『Z氏家譜』）によれば、Z氏の先祖は明代に南京からC村へやって来たという。

・抗日戦争中、ZJSの「四爺爺」（祖父の四番目の弟）は日本兵に殺害された。また、日本兵は本村の近くの村を焼き尽くしたという。

・1月1日を「大年」、12月24日を「小年」と言うが、父（ZYZ）は、旧暦1907（光緒33）年12月24日（干支は未年）に生まれたので、「小年先生」と呼ばれていた。土地改革（古泉達矢の記録によ

れば、反右派闘争）の時、父は地主だったことから批判を受けて自殺した。なお、祖父・父が地主だったことから、私（ZJS）は1976年まで村の幹部にはなることができなかった。

・一番上の兄（ZDC）は1949年以前にZ家公堂小学（私塾）で学んだが、未婚のまま死去した。二番目の兄（ZNS）は1939年に生まれ、本村に住んでいる。

・1958年、祠堂が破壊された。

C村の概況

・C村は、岳陽市と長沙市の間に位置する交通の要衝地（汨羅江沿いの「W鎮河運」）だった。そのため、抗日戦争時期には日本軍に占領されることになった。

・1949年以前、C村にはZ家公堂小学（私塾）があり、学費は不要で、鞄や教科書なども無料で提供されたという。本村はZ姓が約80％を占める。

(4) 2018年10月21日昼

聞き取り対象者：HSM

聞き取り日時：2018年10月21日（日）11:10～12:25

聞き取り場所：湖北省岳陽市P県W鎮Y村HSM宅

聞き手：弁納才一・古泉達矢

通訳：胡平江・肖盼晴・張晶晶

HSMの個人史

・旧暦1940年7月10日（干支は辰年）にT村で生まれ、2018年10月現在、78歳になった。

・6歳（1946年）から本村の公堂にあった「砂□□小学」（□は漢字不明）で「新書」（算数・書道など）を4年間学んだ。この公堂は血縁的なものではなく、地縁的なもので、小学校の学費は不要で、その先生には公堂から「紅包」をあげていた。なお、この学校の教室はJ姓の人物から借りたもので、一部屋は教室に、また、もう一部屋は教員の宿泊のために使用された。

HSMの家族史

・父は、公堂の小学校の先生をしていたが、県長の秘書にもなっており、国民党軍が利用していた大きな建物の中の2つの部屋を与えられていたことなどから、国民党と緊密な関係を持っていたことを日本軍側に知られ、36歳前後（1943年か1944年）に日本兵によって殺害された。なお、父の後に教師としてやって来たのはM村出身者（P姓の地主）だった。

T村の概況

・H家公堂の主要な役割は、「辦学」と「救急」だった。「辦学」とは学校を作って運営をすることであ

り、「救急」とは能力のある者に公堂の米や金を管理させて凶作の年に食糧難を救済することである。食糧難の緊急時に糧食の供与を受けた者は米に余裕がある時にこれを公堂へ返却した。公堂には4つの部屋からなる小さな「倉庫」（「積穀場」）が設けられ、そのうち最も広い部屋が倉庫として使用され、その他の3つの部屋は隣村から本村にやって来たPGLの祖父・祖母が「積穀場」の「看守人」として住んでいた。解放後、PGLにその3部屋が分配された。

・中華民国時期、本村外から本村へ小作人がやってきたという。本村の地主が本村外からやって来た小作人に用意した住宅が「庄屋」であり、その小作地を「庄田」と呼んでいた。なお、ため池は地主が提供したが、農具や耕牛は小作人が用意した。また、小作料は「1斗（8分地）」（1斗の種子で播種することができる農地面積＝0.8畝）につき、「2石穀」（2石の籾米）だった。

(5) 2018年10月21日午後

聞き取り対象者：YGM

聞き取り日時：2018年10月21日（日）13:55～15:20

聞き取り場所：湖北省岳陽市P県W鎮Y村HSM宅

聞き手：弁納才一・古泉達矢

通訳：胡平江・肖盼晴・張晶晶

YGMの個人史

・旧暦1934年4月18日（干支は戌年）にX鎮で生まれ、1938年（4歳）にT村へ移住してきた。

・8歳から2年間（1942～44年）、3箇所の小学校で学んだ。すなわち、第1学期（半年）はL家傍、第2学期はS里、第3学期・第4学期はT里だった。

・日本兵は何度もT村にやって来たが、日本兵が最後に本村にやって来た10歳の時（1944年）から、実家の「放牛」や農作業を手伝い始めたが、その当時は、日本兵がT村に1年間半ほど駐屯していた。

YGMの家族史

・実父は3人兄弟の3番目だったが、私（YGM）が2歳の時に死去したと聞いている。実父の3人兄弟のうち上から2番目の兄には跡継ぎの子供がいなかったので、私はその養子となり、新しい両親とともにT村へやって来て住み込みの小作人となった。一方、若くして実父に先立たれた実母は再婚した。

・T村の「庄屋」（地主が用意した住居）には全部で9つの部屋があり、このうち我が家（Y家）が6つの部屋を使用し、もう1人の小作人だったJ家が3つの部屋を使用していた。なお、「庄屋」の細かな修理は自ら行ったが、大規模な修繕は地主が行った。

・我が家の地主（J姓）は、Z家塆に居住しており（不在地主）、旧暦の8～9月頃に小作料の籾殻付きの米を地主が住んでいた家まで運んで行った。小作料は、「1斗稲穀」（1斗の種籾を播種することが

できる耕地面積か?[8]。約4石の収穫量に相当）につき2石で、地主が住んでいた家にあった「風車」で「空穀」（実っていない籾殻）を飛ばして（「秕穀子」）納めた。

・我が家の小作地は10畝余りで、秋・冬には蔬菜・蕎麦・「泥豆子」などを自由に栽培し、余剰分があれば売ったりした。蕎麦は豚の餌にしたり、粉にして砂糖を入れて「粑粑」を作ったりして食べた。また、1～2匹の豚、4羽の鴨、3羽から10羽ほどの鶏（古泉達矢の記録によれば、4羽の鶏、3羽から10羽の鴨）、1頭の「黄牛」などを飼育していた。当時は米を多く食べていたが、豚は新年を迎える時に殺して食べた。

・土地改革の時、地主は殺されなかったが、土地改革によって地主へ小作料を支払う必要がなくなり、4人家族で、合計で約5畝の土地を分配された。

2. 訪 問 地

(1) 湖北省武漢市

2018年10月19日（金）、高速鉄道を利用して南京駅（G1773,8:15）を出発して昼前には武漢駅（11:08）に到着した。そして、武漢駅の券売窓口で華中師範大学中国農村研究院の肖盼晴に事前にネット予約していただいていた武漢・汨羅間の高速鉄道の往復切符を受け取った。

昼食をすませた後、15:00～17:00、華中師範大学中国農村研究院で「近現代華北農村的経済発展与農業城市化」（近現代華北農村における経済発展と脱農化・都市化）と題して近現代中国農村社会経済の特質（農村経済が発展するのに伴って脱農化と都市化が進行する）に関する講演を行った[9]。同会場には同研究院の大学院生が多く参加し、いくつかの簡単な質問も提起された。また、講演が終了した後に数名の大学院生が自らの中国農村訪問聞き取り調査の体験を踏まえて質問に来た。

21日（日）に高速鉄道を利用して汨羅東駅（G826,16:37）から武漢駅（17:43）へ戻った後、華中師範大学中国農村研究院院長の代理として李俄憲（華中師範大学岳国語学院教授）が我々を夕食に招待してくれた。同院長・前院長がともに学内行政で多忙を極めていることや李俄憲本人も学内業務でいろいろと問題を抱えていることを力説していた。

(2) 湖南省汨羅市・岳陽市

2018年10月20日（土）早朝に張晶晶・肖盼晴と高速鉄道の武漢駅で待ち合わせて計4人で武漢駅（G1105,7:37）から汨羅東駅（8:48）へ移動した。我々が乗車した車輌には乗客はそれほど多くはなかった。汨羅東駅（写真4を参照）は閑散としており、同駅のすぐ近くにはバスターミナルもあり、駅前の広場には多くの自家用車が駐車していたが、ほとんど人がいなかった。そこに胡平江が自動車を

---

8 胡平江・肖盼晴・張晶晶が聞き取り対象者の喩国民に対して何度か確認したが、不明確なままとなった。

9 内容の詳細については、主に拙稿「日中戦争時期における山東省3ヶ村の経済発展に関する比較研究」（金沢大学環日本海環境研究センター『日本海域研究』第50号、2019年3月）を参照されたい。

チャーターして我々4人を迎えに来てくれた。我々は、宿泊する予定のホテルには寄らずに、そのまま岳陽市P県の農村へ向かった。

写真4．汨羅東駅

21日（日）夕方に汨羅駅から武漢駅へ戻ったが、我々が湖南省岳陽市P県農村で聞き取り調査を実施した2日間は雨が降り、とりわけ今回訪問した農村は山間部に位置していたためにやや寒かった。汨羅東駅内の待合室にある売店ではかなり特色のある土産物が売られていた。

⑶ T村

本村では、各家庭が様々な蔬菜を栽培しているが、本村の広大な水田では全て外来の労働者によって農作業が行われているという。水田耕作の農作業に従事している外来の労働者は本村よりも一層奥地の農村部からやって来たと考えられるが、今後の訪問聞き取り調査において、その詳細についても聞いてみたい。

本村では、近年、本村人の寄付によって廟が再建されており、入口の両側に「神恩懸日月」「新陂並乾坤」の文字が見える（新陂神廟、写真5を参照）。また、この廟の前に広がっている平地の水田地帯には新しく家が建てられるようになり、山の斜面にあった家が移って来ているという。

写真5. 新陂神廟

おわりに

　筆者にとって湖南省農村における訪問聞き取り調査は今回が初めてだったので、多くの点で非常に新鮮さを感じた。上海市や江蘇省などの華東農村ばかりでなく、湖南省と同じく内陸部に位置する山西省などの華北農村と比べても作付作物や気温・湿度などの違いからかなり風景が異なっていた。また、特に湖南省の地主の在り方にも関わる「庄屋」の存在は非常に興味深いものだった。

　いわゆる僻地と言うべき湖南省岳陽市P県農村においても、筆者がこれまで中華民国期中国都市近郊農村において確認したように[10]、2018年現在、本村人の脱農化が確実に進行していたことを知ることができた。

　一方、近年、本村人の寄付によって村廟が再建されるといった動きは、山西省などの華北農村においても見られたことだった。

　近年、中国農村における訪問聞き取り調査の実施が厳しい状況にある中で、胡平江の案内・紹介によって、初めての湖南省農村訪問ながら、わずか2日間で計5人もの老人に話を聞くことができたことは非常に意味があった。ただし、1人ずつに対して必ずしもじっくりと話を聞くことはできなかったので、

---

[10] 例えば、拙稿「日中戦争期河北省石家荘地区農村における経済発展」（早稲田大学東洋史懇話会『史滴』第36号、2014年3月）・同「近現代北京市近郊農村における経済発展と都市化」（大阪経済大学日本経済史研究所『経済史研究』第18号、2015年1月）などを参照されたい。

中国研究論叢　第19号　（2019.11）

次回は改めて是非じっくりと話を聞いてみたい。

　今回、筆者にとって湖南省の農村が初めての訪問地だったにもかかわらず、2日間にもわたって順調に話を聞くことができたのは、紹介者・案内者を務めていただいた胡平江の協力・支援の賜物であり、末尾ながらここに改めて謝意を表したい。来年も継続して訪問聞き取り調査の実施を強く希望したい。ただし、その際は湖南方言を十分に理解することができる人員を確保ことが必要である。

補記）本稿は、科学研究費助成事業（基盤研究(B)(一般)2018年度〜2022年度「社会主義経済体制下の
　　　中国農村における社会環境の特質と変容に関する再検討」研究代表者：弁納才一、課題番号
　　　18H00876）による研究成果の一部である。

（金沢大学経済学経営学系教授）

中国研究論叢　第 19 号

発　行　　2019 年 11 月 10 日
編集者　中国研究論叢編集委員会
代表者　安田　淳
発行者　一般財団法人　霞山会
　　　　　〒107-0052　東京都港区赤坂 2-17-47 赤坂霞山ビル
　　　　　TEL　(03)5575-6301
発売所　株式会社　明徳出版社
　　　　　〒162-0801　東京都新宿区山吹町 353
　　　　　TEL　(03)3266-0401
印刷所　株式会社　興学社